平岡聡 著

法然と共に生きる

生きづらさを解消する31のヒント

浄土宗

はじめに

浄土宗は令和六年、開宗八五〇年という記念の年を迎えました。つまり、宗祖である法然上人（以下、敬称略）が浄土宗を開いてから八五〇年という星霜を積み重ねたことになります。一人の人間が打ち立てた宗教あるいは思想が、八〇〇年以上を経た現代にまで受け継がれてきたのみならず、それが現代人の心を慰撫し続けているということは、考えてみればすごいことです。

これは法然に限ったことではなく、道元や日蓮などの鎌倉新仏教の宗祖たちにも共通する特徴ですが、その鎌倉新仏教の方向性（専修《せんじゅ》）を定めたのは、間違いなく法然です。その思想的な功績は第一章で取り上げますが、法然は鎌倉新仏教のパイオニアとして新たな道を切り開き、今までになかった価値を日本の仏教に創造しました。

現代人の目から見れば、法然は八〇〇年以上も昔の人ですから、その人物も思想も〝中世の遺物〟と位置づけてしまいがちですが、決してそうではありません。科学技術が進歩し、目まぐるしい発展を続け便利になった一方で、満ち足りなさや生きづらさをかかえる人も多くいる現代にこそ、活かすべき法然の生き方や考え方がたくさんあります。そこで本書では、八五〇周年を機に、法然の生き方や考え方を、現代を生きる我々の問題と関連させて捉え直し、その価値を再評価してみたいと思います。

第一章では法然の生き方から、第二章では法然の思想から、そして第三章では信者や弟子に対する法然の説法から、私なりの視点で、現代を生きるヒントを探っていきます。すでに指摘したように、ポイントは「現代の問題と関連させて」です。本書を最後までお読みいただければ、法然の生き方や考え方が、現代、そして未来を生きる人間の模範となっていることがお分かりいただけるでしょう。

私自身も浄土宗の寺院の長男として生まれ、浄土宗の僧侶の資格を取得し、法然の生き方や考え方に絶大な影響を受けた一人として、その価値を皆さんにお伝えすることが、法然に対する報恩であると考えて筆を起こした次第です。序章第1話の「生涯」を読めば、後は基本的にどこからでも読めるようにしていますので、時間のない人は気軽にどこからでもお読みください。

本書をお読みいただいた皆さんが、法然の生き方や考え方を受肉化して、「同行二人」ではありませんが、常に〝法然と共に生きる〟ことができますことを心より祈念いたします。

目次

第二章　法然の思想に学ぶ

第三章　法然の説法に学ぶ

【凡例】

①引用

原典の引用は現代語訳を用い、太字で記します。引用の大半は法然の伝記『法然上人行状絵図』(本書では「伝記」と表記）からですが、その和訳は浄土宗総合研究所（編）『【現代語訳】法然上人行状絵図』浄土宗出版、二〇一三）に基づき、その出典は巻数と段数で示します。また原典以外の引用も、太字で示します。

②敬称

本書では「法然上人」や「釈尊」ではなく、「法然」や「ブッダ」と表記し、敬称は用いません。二人に対する敬意がないからではなく、二人をなるべく身近に感じてもらうためであることをご理解ください。

③註記

難しい専門用語等は太字で表記し、本文下部で注記します。

④漢数字

専門用語は「第十八願」、それ以外は「一八歳」などと表記することを基本とします。

序章

法然の思想と生涯

第1話

波瀾万丈の八〇年

◉誕生と父の死

長承《ちょうしょう》二年（一一三三）、法然は漆間時国《うるまときくに》を父とし、秦氏《はたうじ》出身の女性を母として、美作国久米南条《みまさかのくにくめなんじょう》（現在の岡山県久米郡久米南町）に生を受けました。父の時国は、**勢至菩薩**《せいしぼさつ》にあやかって我が子を「勢至丸」と命名します。ですから、幼年の法然は本来、勢至丸と呼ぶべきですが、ここでは分かりやすく法然と呼ぶことにします。

九歳のとき、法然に悲劇が訪れます。時国は地方豪族であり、押領《おうりょう》使《し》という地域の治安維持役を担っていましたが、荘園領主に代わって現地で荘園経営にあたっていた預所《あずかりどころ》の明石定明《あかしさだあきら》の夜襲に遭い、殺されてしまったのです。

【勢至菩薩】
阿弥陀仏の智慧を司る菩薩。阿弥陀三尊の一つで、観音菩薩がその慈悲を司るのに対する存在。

荘園の支配関係が混乱していた当時、役職上、押領使と預所とは利害が対立する関係にあり、両者はしばしば衝突していました。明石定明の夜襲に遭って深傷を負い、亡くなる寸前に時国は息子の法然を枕元に呼び寄せ、「決して敵を恨むな。これも前世の報いだ。お前が敵を恨めば、その怨みは代々にわたっても尽きがたい。はやく**出家**《しゅっけ》して私の**菩提**《ぼだい》を弔い、お前自身も**解脱**《げだつ》を求めよ」と遺言しました。

やられたらやり返すという当時の武士の常識から考えれば、定明は法然の復讐を恐れました。息子の法然を生かしておくことは自分の身を危うくすることになるからです。逆に法然からすれば、定明に居場所を知られぬよう、身を隠す必要がありました。そこで、法然は実家の近くにある那岐山《なぎさん》の菩提寺《ぼだいじ》の住職をし、また母の弟でもあった叔父の観覚《かんがく》に引き取られます。

観覚は法然の非凡な能力に気づくと、自分のもとにとどめ置くのはもったいないと考え、当時の仏教の総合大学ともいうべき比叡山《ひえいざん》に法然

【出家】世俗の生活を離れ、修行の道に入ること。

【菩提】仏教的には煩悩の迷いから目覚めたさとりの内容を表すが、ここでは一般的な死後の冥福のこと。

【解脱】苦から解き放たれ脱すること。また、迷いの世界から解放された真の安らぎの世界、涅槃（さとりの境地）も意味する。

を送ることにしました。法然にすれば、九歳で父と死別し、そしてまた比叡山延暦寺に登るとなれば、母とも別れなければならなくなります。多感な少年にとっては、悲痛な経験であったに違いありません。

◉比叡山へ

一五歳のとき（一三歳の説もある）、法然は比叡山に向かって故郷を後にしますが、観覚は法然を智慧で有名な文殊菩薩《もんじゅぼさつ》に喩え、「進上、大聖文殊像一体」と記した紹介状とともに比叡山に送り、旧知の仲であった**源光**《げんこう》に法然を委ねました。観覚同様、源光も法然の非凡な才能に気づき、学僧の**皇円**《こうえん》に法然を託します。

ここで法然はついに剃髪《ていはつ》し、比叡山東塔にある**戒壇院**《かいだんいん》で授戒すると、正式な出家者となります。このときに戒師《かいし》を務めたのが**叡空**《えいくう》だったので、最初に比叡山でお世話になった師匠の「源光」から「源」を、「叡空」から「空」を一文字ずつもらい、「源空《げんくう》」と命名されました。

【源光】
一二世紀中期頃の学僧。法然が比叡山で最初に師事したとされる。

【皇円】
比叡山東塔西谷功徳院の天台僧で法然の師。法然の出家後に天台宗の教えを深く学ぶよう諭し、研鑽させた。

【戒壇院】
授戒（仏の制定した戒律の法を授ける儀式）を行うための建物。

【叡空】
比叡山西塔北谷黒谷の僧で法然の師。戒を伝

「法然」というのは房号《ぼうごう》、すなわち僧侶の住居（房）の名前であり、「法然房源空」と呼ぶこともありますが、僧としての名は源空です。

◉遁世

当時の比叡山はあまりに世俗化しており、真摯に道を求める法然を幻滅させました。最高位をめぐる政争、名誉栄達に奔走する出家者、僧兵たちの蛮行等、枚挙にいとまがありません。

法然は一八歳のとき、**遁世**《とんせい》を決意し、比叡山西塔の**黒谷**《くろだに》に移住します。そこは真に道心ある者たちが集う場所であり、授戒の師である叡空もいて、彼の厳しい指導を受けながら、ときには師弟間で激しく論争し、修行の道を歩みました。

一八歳で遁世してから四三歳に回心《えしん》するまで、法然は二五年の長きにわたって黒谷に引きこもります。この間、経蔵にこもって**一切経**《いっさいきょう》を読んだり修行を積んだりと、懸命になって道を求めましたが、一度だけ比叡

える戒師としての地位を法然に継承した。

【遁世】
世俗を逃れて仏門に入ること。また出家社会の名声を望まず個人で求道生活を行うこと。

【黒谷】
現在の滋賀県大津市坂本の比叡山延暦寺西塔北谷の地名。法然が研鑽を積んだ青龍寺がある。多くの僧侶が集う東塔のからは離れており、仏道を究めるには最適であった。

【一切経】
仏教の経典をまとめた

山を下りたことがありました。

二四歳のとき、嵯峨の清涼寺《せいりょうじ》に参籠《さんろう》して三国伝来の霊像と言われる生身の釈迦像に平伏し、またその後は奈良に向かい、南都（現在の奈良県）の学僧を訪問しました。求めている教えが得られず、焦りばかりが募る法然の姿が偲ばれます。

「父の菩提を弔い、自らは己の解脱を求めよ」という父の遺言からすれば、法然が求めていたのは「自らの解脱」でしょう。しかし、自己省察が深まるほど、解脱は遠のいていきます。まして**末法**《まっぽう》の世、自分が解脱できるような教えはなかなか見つかりません。法然は「智慧第一《ちえだいいち》の法然房」と評されるほどの学識の深さでしたが、「**三学**《さんがく》非器《ひき》」と自らに絶望し、自分にピッタリ合う教えを模索しながらも、それが得られず、まさに絶望のふちに立たされていたのです。


もので、大蔵経ともいう。伝記によると、法然は一切経を五回読破したとされる。


【末法】

仏教における歴史観の一つ。釈尊在世から長い時間が経過し仏教が廃れ、教えは残っているが正しく行じる者やさとる者のいない、荒廃した時代。日本では一〇五二年から末法の時代とされる。


【三学】

仏教修行者が必ず修めるべき基本的な修行で、戒を保つこと・精神を統一する禅定を修

◉回心

そうしたあるとき、天台宗の先徳・**源信**《げんしん》が著した『往生要集《おうじょうようしゅう》』を読んでいると、法然は中国唐代の浄土教家・善導《ぜんどう》の『**往生礼讃**《おうじょうらいさん》』が引用されているのに気づき、そこに解決の糸口を見つけます。こうして『往生要集』に導かれ、法然の関心は善導へと移行し、当時の比叡山にはなかった善導の書物を探し求め、苦労のすえに入手したのでした。

数ある著作のうち、善導の『**観無量寿経疏**《かんむりょうじゅきょうしょ》（観経疏《かんぎょうしょ》）』を読んでいると、「一心専念弥陀名号行住坐臥不問時節久近念念不捨者是名正定之業順彼仏願故（一心にもっぱら阿弥陀仏の名号《みょうごう》をとなえて、何時いかなることをしていても、時間の長短にかかわらず、常にとなえ続けてやめないこと、これを正定《しょうじょう》の業というのである。それは阿弥陀仏の本願の意趣に適っているからである）」という文に出会い、法然はついに回心します。

厳しい修行をして解脱を求める〈自力の道〉ではなく、阿弥陀仏の慈

めること・物事の真実を見極める智慧を極めること。三学非器はそれらができる能力ではないという自覚。

【源信】九四二－一〇一七。天台宗恵心流の祖。念仏の実践が最重要であることを示した『往生要集』を編纂。同書は法然の思想にも大きな影響を与えた。

【往生礼讃】成立年次不詳。善導集記。浄土往生を目的とした実践行などを収録した書。

悲によって救われる〈他力の道〉、それこそが愚かな自分の、ひいてはすべての人びとが平等に救われる道だと考えたのでした。これは末法という時代（時）と、その末法を生きる**凡夫**《ぼんぶ》という存在（機）にふさわしい〈時機相応《じきそうおう》〉の教えであると見抜いたのです。

しかし、法然にはまだ迷いがありました。本当に自分の教えは人びとに受け入れられるのだろうかという迷い、あるいは知的に念仏往生を理解できても心情的には念仏往生を体感できていないという迷いです。

そんなとき、法然は不思議な夢を見ます。下半身が金色の僧が現れ、法然の前で止まり、「私は善導である。あなたが専修念仏を広めるのが尊いので、やってきたのだ」と告げました。この夢を見たことで、念仏往生に対する確信は深まっていきます。

この経験を経て、比叡山を降りた法然は、京都西山《せいざん》の広谷《ひろだに》（現在の長岡京市あたり）に住む遊蓮房円照《ゆうれんぼうえんしょう》を訪れます。円照は善導流の念仏を実践して阿弥陀仏の存在を体感するという経験をしていたので、念仏往生

【観無量寿経疏】
成立年次不詳。善導の主著で唯一の教義書。法然が所依の経典として定めた浄土三部経の一つ『観無量寿経』の注釈書であり、四巻で構成される。

【凡夫】
仏教の理解や実践に乏しい、凡庸な者のこと。

の確信をさらに強めたかったのではないでしょうか。

◉念仏の弘通

『観経疏』の一節に出会っての回心、夢中での善導と対面、そして円照との交流を経て、法然はようやく専修念仏弘通《ぐずう》に向けての一歩を踏み出します。法然は広谷から吉水（現在の総本山《そうほんざん》知恩院《ちおんいん》のあたり）に移り住みますが、そのころはまだ積極的に念仏を人に勧めることはなく、庵を訪ねる者に念仏を勧める程度で、自ら念仏の行に励むことが主であったようです。

そんな中、法然の名声を高めるきっかけになる出来事がおこります。大原問答です。当時、大原に籠居していた天台宗の顕真《けんしん》は、世間の注目を浴びつつあった五四歳の法然を大原の勝林院《しょうりんいん》に招き、三論宗《さんろんしゅう》の明遍《みょうへん》、法相宗《ほっそうしゅう》の貞慶《じょうけい》、天台宗《てんだいしゅう》の証真《しょうしん》や智海《ちかい》、その他にも東大寺《とうだいじ》の重源《ちょうげん》など、当時の一流の学僧たち三〇名以上と議論する機会を設けました。法然はこの議論で見事に彼らを感服させたのでした。

これは法然にとって、自分の教えを試す絶好の機会だったに違いないですし、それに勝利したことで当時の仏教界における法然の名声は一挙に高まったのでした。

大原問答で一躍有名になった法然の教えに傾倒する貴族や公家《くげ》たちも現れましたが、その中でも特筆すべきは、のちの関白の**九条兼実《くじょうかねざね》**です。有名になったとはいえ、法然は異端の宗教家でしたが、兼実が篤く法然に帰依《きえ》したとあっては、周囲の見る目も大いに変わったに違いありません。法然は兼実の願いに応じて授戒《じゅかい》の戒師をしばしば務め、また兼実の願いに応じて『**選択本願念仏集《せんちゃくほんがんねんぶつしゅう》**』（以下『選択集《せんちゃくしゅう》』）も撰述しました。

また法然の念仏往生という易行の教えは、公家や貴族に留まらず、平《たいらの》重衡《しげひら》、熊谷直実《くまがいなおざね》、津戸三郎為守《つのとのさぶろうためもり》、そして大胡太郎実秀《おおごのたろうさねひで》といった、人を殺すことを生業《なりわい》とする武士、また悪人として名高い陰陽師《おんみょうじ》の阿波介《あわのすけ》など、幅広い層の人びとに受け入れられ、新たな信者を獲得していきました。

【九条兼実】一一四九―一二〇七。平安から鎌倉期にかけて活躍した貴族。関白となるなど出世の道を進んだが、後に失脚し、晩年は極楽往生を願い称名念仏に励み、往生を果たした。

【選択本願念仏集】一一九八年に成立した浄土宗の根本聖典。法然が唱えた選択（仏による選び取りと選び捨て）思想に基づき、浄土往生のためには称名念仏が唯一にして絶対の行であることを明示した書。

しかし、これは旧仏教側の目には由々しき事態に映りました。

◉法難に遭う

念仏だけで救われるとする法然の教えは、誤解されれば悪を助長する恐れもあり、また実際にそのような行動をとる者もいたので、**南都北嶺**《なんとほくれい》の僧侶たちは専修念仏《せんじゅねんぶつ》を弾圧しようと、専修念仏の停止を天台座主《ざす》・真性《しんしょう》に訴えました。これに対し、法然は「**七箇条制誡**《しちかじょうせいかい》（＝七箇条起請文《しちかじょうきしょうもん》）」を示し、門弟たちに問題行動の自粛を求めました。これを「元久《げんきゅう》の法難《ほうなん》」と言います。

つづいて南都の奈良興福寺の僧侶たちは、「**興福寺奏状**《こうふくじそうじょう》」で法然の教えの過失を九カ条にわたって指摘し、朝廷に専修念仏禁止を訴えましたが、禁止にはなりませんでした。

しかしその後、後鳥羽上皇《ごとばじょうこう》の留守中、上皇の女官が法然の門弟である安楽《あんらく》と住蓮《じゅうれん》が唱える節付きの経文に魅了され、無許可で出家したこと

【南都北嶺】南都は興福寺を中心とする寺社勢力を意味し、北嶺とは比叡山延暦寺のこと。これら寺社は、中世の社会において大きな影響力を有した。

【七箇条制誡】法然が一二〇四年一一月七日から九日までの三日間にかけて弟子一九〇名の署名を募り、以後の専修念仏の修行に関する戒めを促したもの。

【興福寺奏状】法然仏教を批判し、その禁止を求めて

で、上皇の怒りをかって安楽と住蓮は死罪となり、法然は流刑となって、土佐に配流の宣旨《せんじ》が下ったのでした。建永《けんえい》二年（一二〇七）、法然七五歳のときです。これを「建永の法難」と言います。

◉臨終

実際には土佐ではなく讃岐《さぬき》に配流となった法然でしたが、同じ年、しばらくして赦免の宣旨が下り、法然は四国から本州に戻りました。しかし、入洛（京都に入ること）はかたく禁じられ、その間は摂津国の勝尾《かちお》寺《でら》（現大阪府箕面市）に留まりました。入洛が許されたのはその四年後であり、法然が七九歳のときでした。

帰京をはたした法然でしたが、翌年の建暦《けんりゃく》二年（一二一二）の正月二三日、弟子の**源智**《げんち》の求めで法然浄土教の真髄ともいうべき「一枚起《いちまいき》請文《しょうもん》」を残すと、二日後の二五日、ついに往生の素懐《そかい》（かねてからの願い）を遂げました。しかし死してもなお、旧仏教側からの弾圧は続き、

一二〇五年に興福寺の僧侶が提出した文書。詳しくは二七頁。

【源智】
一一八三―一二三八。法然の晩年に常に付き随った門弟。浄土宗総本山知恩院、それぞれ大本山の百萬遍知恩寺、金戒光明寺において初代の法然に次ぐ二世とされている。

法然の墓が暴かれるという「嘉禄《かろく》の法難」にも遭いましたが、最終的には西山粟生野《あおの》で荼毘《だび》（火葬）に付されたのでした。

第2話

〝日本初〟だらけの法然

◉仏教の基本的立場

法然の思想を説明する前に、仏教本来の基本的立場を明らかにしておきましょう。そうすることで、法然の仏教の特徴が浮き彫りになるからです。

紀元前五世紀頃、仏教の開祖ブッダは、生まれた者が、やがて老い、病にかかり、最後には死んでいくという現実を苦と捉え、その苦から解《げ》脱《だつ》するために出家《しゅっけ》しました。修行の結果、「老病死」という現実は変えようがないことをさとり、若さに対する執着が老を、健康に対する執着が病を、そして生命に対する執着が死を「苦」と感じさせていることに気づきます。つまり「若さ・健康・生命」に対する執着を捨てれば、苦から解脱できるとさとったのです。

この単純な事実をさとり、自力で修行して執着（煩悩《ぼんのう》）を捨てることにより、苦から解脱することを目指すのが仏教の原初の姿なのです。

しかし紀元前後頃、**大乗仏教**《だいじょうぶっきょう》という新たな仏教が興起し、自力修行型の仏教に加え、他力救済型の仏教も誕生しました。その典型が阿弥陀《あみだ》仏《ぶっ》と極楽浄土《ごくらくじょうど》を説く浄土教《じょうどきょう》ですが、その浄土教を独自に発展させたのが法然の浄土教、つまり浄土宗の教えなのです。

◉法然の日本初

ではこれを踏まえ、法然の思想について解説しましょう。まずは法然の「日本初」に注目しましょう。法然は日本仏教史における〝パイオニア（開拓者）〟的存在なので、やることなすことに前例がありません。つまり「日本初」が法然にはたくさんあるのです。これはとりもなおさず、法然が日本仏教史に果たした功績について考えることにもなります。

【大乗仏教】
大乗とは他者の救済を目的に自ら仏となることを目指す「偉大な教え」という意味。出家者に限らず在家者を含めた全ての人びとの救済を掲げる仏教宗派の総称。

ではさっそく、紹介しましょう。

◉勅許を得ない立宗

日本にとって仏教は外来宗教です。ですから、その導入に当たっては、国の判断が要りました。結果として当時の国家は仏教の導入に踏み切りますが、導入以来、基本的に仏教は政治の管理の下に置かれることになります。これが国家仏教であり、また仏教は国を鎮護する役目を担わされたので、**鎮護国家**《ちんごこっか》の仏教ともいえるでしょう。

したがって、日本で新たな宗派を立てるには、国の許可が必要でした。たとえば、奈良時代には**南都六宗**《なんとろくしゅう》が成立しますが、これらはすべて天皇の許可（勅許《ちょっきょ》）のもとに成立しています。また平安時代になると、天台《てんだい》宗《しゅう》と真言宗《しんごんしゅう》が新たに成立しますが、これも天皇の許可に基づいています。たとえば、天台宗は桓武天皇《かんむてんのう》の、真言宗は嵯峨天皇《さがてんのう》の勅許によって認められた宗派でした。

【鎮護国家】
仏法によって国家を鎮め、護ること。

【南都六宗】
南都とは奈良の別称のことで、奈良時代に成立した三論・成実・法相・倶舎・律・華厳の六つの宗をいう。国家仏教として公認されていた。

ところが、です。法然は今からちょうど八五〇年前に、浄土宗という宗派を勅許なしに新たに立ち上げたのです。これは日本仏教史上、画期的な出来事でした。前例がないからです。ですから、これは当時、大きな問題を引き起こしました。一二〇五年に興福寺の僧侶が法然仏教の禁止を求めて朝廷に提出した『興福寺奏状《こうふくじそうじょう》』は九カ条に亘って法然仏教を糾弾していますが、その最初が「新宗を立つる失」、すなわち「正統な根拠を示さず、勅許も得ずして、新しい宗派を立てたこと」を問題視しているのです。

法然は勅許を得て新宗を立てるという伝統を覆し、新たな宗派を独自に樹立したのでした。その背景には、既成の仏教では末法の世に苦しむ人びとを救済できないという思い、また自分が体得した専修念仏《せんじゅねんぶつ》の教えは末法の世でも充分に通用するという自信があったのではないでしょうか。ともかく、法然は勅許を得ずに新宗を立てるという前代未聞の行動に出たのでした。

◉面授の師匠なし

勅許なしの立宗に関連して、もう一つの日本初を挙げれば、直接の師匠（面授の師匠）なしに新たな宗派を立ち上げたことです。宗教には**師資相承**《しそうじょう》が極めて重要であり、器の水（教え）をAからB、そしてBからCへと伝承していくように、宗教は伝統を重んじるのです。南都六宗は学問仏教ですから師資相承はあまり関係ありませんが、日本天台宗の祖・最澄《さいちょう》は唐に留学し、天台山修禅寺《てんだいさんしゅぜんじ》の座主《ざす》・道邃《どうずい》から教えを直々に受けていますし、真言宗の祖・空海《くうかい》も唐に留学し、長安青龍寺《ちょうあんせいりゅじ》の恵果《えか》から**密教**《みっきょう》の秘義を伝承されています。

鎌倉時代であれば、栄西《えいさい》は宋に留学し、天台山万年寺の虚庵懐敞《こあんえいしょう》に師事して**印可**《いんか》を受け、臨済宗黄龍派《りんざいしゅうおうりゅうは》の禅を相承しました。また道元《どうげん》も宋に留学して天童山景徳寺《てんどうさんけいとくじ》の如浄《にょじょう》から印可を受け、曹洞宗《そうとうしゅう》の教えを継承しています。このように、仏教においては伝統を継承する師資相承が極め

【師資相承】
師は師匠、資は弟子のことで、師匠が弟子に法門や教義を伝えること。

【密教】
仏教における教えの一つ。大日如来への信仰を拠り所とし、秘密の教義と儀礼を伝承で伝える。真言宗や天台宗が密教の伝統的な宗派である。

【印可】
印は証明することで、可はよろしいと認めること。主に弟子が法を体得したことを師匠が許可、承認すること。

て重要なのですが、法然にはそのような面授の師匠がいませんでした。

だからといって、法然はまったくの根無し草だったわけではありません。面授ではありませんが、法然は中国唐代の善導の教えに大きな影響を受けました。善導こそが法然の実質的な師匠なのですが、地域も時代も異なるため、他の宗祖たちとは事情が異なっています。

しかし逆に言えば、直接指導してくれる師匠なしで、新宗を立てるという偉業を達成したことは画期的なことです。自らを厳しく律することができなければ、自ら独立することは難しいのです。まさに〝自律〟から〝自立〟へと飛躍したのでした。同じ鎌倉新仏教でも、浄土真宗《じょうどしんしゅう》の祖・親鸞《しんらん》は法然を面授の師匠としましたが、日蓮宗《にちれんしゅう》の祖・日蓮は法然と同様に面授の師匠なしで新宗を立てたので、その意味では法然と同じです。

◉『選択本願念仏集』は日本初の禁書

嘉禄《かろく》の法難《ほうなん》では法然の『選択集《せんちゃくしゅう》』が発禁処分を受けて、朝廷によってその印刷の版木が押収されています。近世ならともかく、日本の古代中世で禁書処分を受けたのは、『選択集』が日本初です。詳細は割愛しますが、それほどまでに『選択集』のインパクトは大きく、当時の社会に大きな影響を与え、それが当時の政権や旧仏教側にとって不都合なものと考えられたからでしょう。

法然も自分の思想が当時の社会に与える影響を目の当たりにするにつけ、その危険性に気づき、『選択集』はかぎられた弟子にしかその書写を許しませんでした。またその最末尾で、「この書を一度見た後は、壁の底に埋めて窓の前に残してはならない。〔本書を読んで〕念仏の教えを謗《そし》る人が、悪道に堕ちるのを恐れるからだ」と述べ、閲覧には慎重に慎重を期しています。

このような状況から判断すれば、法然自身も、また当時の体制派の人びとも、専修念仏の影響力の大きさをともに自覚していたのであり、法然仏教は日本中世の社会体制を揺るがすほどのインパクトを秘めていたと言えるでしょう。

◉神祇信仰の否定

すでに指摘したように、日本にとって仏教は外来宗教でした。神を信仰する日本人は外来宗教をいきなりは理解できなかったので、仏教を理解するのに日本固有の神観念を利用したのです。たとえば、仏教伝来当初、仏は「蕃神《ばんしん》（外国からやって来た神）」と理解されました。また平安時代以降には「インドの仏・菩薩（本地）が日本の実情に合わせ、姿を変えて現れた（垂迹《すいじゃく》した）のが神である」と理解されるようになります。いわゆる「本地垂迹説《ほんじすいじゃくせつ》」です。

このように、仏教伝来当初から鎌倉時代に至るまで神仏は習合し、日本人は神の観念を通して仏・菩薩を理解していたのです。また出家者は自らを仏と一般大衆との中間的な存在（善知識《ぜんちしき》）と位置づけ、仏・菩薩の威を借りて大衆をほしいままにコントロールしていました。しかし、法然はここに楔を打ち込んだのです。

つまり、我々人間が南無阿弥陀仏ととなえることによって阿弥陀仏と直結する仏教を創造したのです。ここには、我々と阿弥陀仏との間に神も善知識も介在しません。まさに、一本筋の通った仏教が法然によって誕生したのでした。しかし、この考え方は**神祇信仰**《じんぎしんこう》を否定したので、その神と本地垂迹説でつながっている仏をも否定する教えだと曲解されたため、旧仏教側からは大きな非難を被ったのでした。このように、神祇信仰の否定も日本初と考えてよいでしょう。

◉本願念仏から選択本願念仏へ

以上、さまざまな「日本初」を確認したので、つぎに法然の功績を二点にまとめて説明しましょう。まずは「選択本願念仏《せんちゃくほんがんねんぶつ》」という考え方です。これは善導の「本願念仏」をさらに発展させたものですが、「選《せん》択《ちゃく》」が付くのと付かないので、何がどう違うのでしょうか。

【神祇信仰】
各地域の特色ある自然信仰、祖先信仰、海外から伝わり定着した、新しい神々などが雑多に共存しながら崇拝される信仰形態のこと。

善導の「本願念仏」は「念仏は阿弥陀仏の本願によって約束された修行なので、念仏をとなえれば必ず極楽に往生できる」という考え方です。これは念仏が往生可能な行であること意味しますが、他の方法で往生する可能性を否定するものではありません。

一方、法然の「選択本願念仏」は「極楽往生の方法として、阿弥陀仏は本願によって約束された念仏だけを選択された」ことを意味します。つまりこれは、極楽往生の方法を「念仏の一行」に絞っているので、他の方法で往生する可能性を実質的に否定しています。「念仏で往生できる」と「念仏でしか往生できない」は大きく異なるのです。つまり、法然は念仏の価値を善導よりもさらに一段格上げしたことになるのです。

では何を根拠に、法然は念仏の価値をそこまで高めたのでしょうか。「阿弥陀仏が選択したから」というのは一つの根拠になりますが、阿弥陀仏は大乗仏教の数ある仏の一人に過ぎないので、根拠は脆弱です。そこで法然は「阿弥陀仏のみならず、仏教の開祖である釈尊（ブッダ）も、六方《ろっぽう》の諸仏《しょぶつ》も皆、念仏を選択したのだ」という理論を構築したのです。『選択集』の第一六章（最終章）で、法然は「**八種選択**《はっしゅせんちゃく》」を説き、阿弥陀仏・ブッダ・六方諸仏という「一切の仏」が往生可能な行として「念仏」を選択したのだから、他の行ではなく、念仏こそが唯一の往生行だとしたのです。だから他の行を修する必要はなく、「専修《せんじゅ》」、つまり「専修念仏」という考え方になるのです。

◉オールインワンの仏教

法然の功績の二つ目は、「オールインワンの仏教」の創造です。法然の仏教の特徴は「易行」と「専修」にまとめられます。つまり、誰でも実践できて（易行《いぎょう》）、それだけを実践すれば（専修）、人は皆、必ず往生できると法然は説いたのでした。

この法然の後に続いて出現した鎌倉新仏教の宗祖たちは皆、この法然の考え方を踏襲していきます。親鸞は信心、道元は坐禅、そして日蓮は

【八種選択】
阿弥陀仏・ブッダ・その他の仏が、浄土に往生するための行として称名念仏一行だけを定め、讃え、後世に伝え遺すなど八つの側面から選択（取捨）していることを明らかにした思想内容。

唱題《しょうだい》という易行を選択し、その専修を説きましたが、その先鞭をつけたのが法然なのです。

これに関連して、法然の功績は「オールインワンの仏教」の創造です。ブッダのさとりに端を発する仏教は、時代とともに思想も行も枝分かれして細分化し、多様化していきました。しかし、救済の平等性を意識した法然は、末法という危機的な時代を背景に、誰でもが実践できて、しかもそれが確実にさとりや救いと結びついた仏教を模索されたのです。

こうして「易行」と「専修」が意識されるわけですが、問題はここからです。易行は昔からありましたが、それはさとりや救いと直結してはいませんでした。つまり「易行＝劣行」です。

そこで、法然は「易行＝勝行」を追求した結果、先ほど説明した「八種選択」により、易行ではあるが、阿弥陀仏や釈尊を含め、一切諸仏の選択がそこに働いている、つまり「全仏教の一切の行は結局のところ、念仏にすべて収まるのだ」という理論を『選択集』で構築しました。

【唱題】
ここでは、題目「南無妙法蓮華経」をとなえること。日蓮は題目をとなえることで成仏できると説いた。

「オールインワンの仏教」の誕生です。これは後の親鸞・道元・日蓮にも継承され、彼らも「信心・坐禅・唱題だけでよい。そこにすべてが含まれている」というオールインワンの仏教を提唱しましたが、その道を開拓したのは法然です。まさに独創的な宗教家というほかはありません。よって、「鎌倉新仏教は法然によって始まった」、つまり「鎌倉新仏教の開拓者が法然だ」と言っても過言ではないのです。

第一章

法然の生き方に学ぶ

第1話

与えられた運命を生きる　誕生

我々は自分の境涯や能力を呪うことがあります。「なんでこんな人間に生まれてきたのだろう」、「なんでこんな能力しか備わっていないのか」、あるいは「なんでこんな時代に生まれてきたのか」など、文句（愚痴）を言い出すと切りがありません。人間には煩悩《ぼんのう》がありますから、勝手に妄想して無い物ねだりをするのです。でもそれは、意味のあることでしょうか。法然の誕生を手がかりに、この問題を考えてみましょう。

◉受動的な生

我々は人間として生まれました。「生まれた」ということは「生み出された」ということであり、「受身」です。つまり、我々は自分で自ら時代や地域、また両親を選択してこの世に誕生したわけではありません。気がついたら、この時代、この地域に、この男女を両親として〝生まれていた〟ということになるのです。したがって、さきほど見たような愚痴が口をつくことになるのです。では法然はどうだったでしょうか。

法然は、日本中世の末法《まっぽう》という〝世も末の時代〟に生まれ、また幼少期に父を殺されるという過酷な人生をスタートさせたのです。私なら自分の人生を恨んでいるでしょうが、幼少期の法然はどう考えたでしょうか。

それを知る手がかりは文献には何も記されていないので何とも言えませんが、その後の法然の実直な生き方を見ると、自分の人生を呪うようなことは決してなかったと思います。むしろ、そのような過酷な人生をしっかり受け止め、自分の人生と向き合い、自らに課せられた使命を果たそうと生きたのではないでしょうか。

これは科学的な言い方ではありませんが、私はここに〝運命〟を感じざるをえません。もしも法然が末法でない時代に生まれ、また父親を殺されることがなかったら、おそらく浄土宗は存在していなかったでしょう。法然が生を受けた時代が末法であり、また父親が非業の死を遂げたからこそ、法然は出家《しゅっけ》し、末法という時代にふさわしい仏教を創造したのです。

◉なぜ生は苦なのか？

ここで、あらためて誕生ということについて考えてみましょう。仏教は生・老・病・死を「四苦《しく》」ととらえます。老・病・死が苦であることは理解できますが、なぜ生（生まれること）が苦なのでしょうか。これについて仏典は明確に答えていませんが、生まれることが苦なのは、生まれることで老病死へと向かうプログラムのスイッチが「オン」になるからです。

それを誰よりも分かっているのが生まれたばかりの赤ちゃんではない

でしょうか。だって、赤ちゃんは生まれてくる際、泣いているではありませんか！　周囲の人が喜びに沸いている中、赤ちゃんだけは泣いて生まれてくるのです。仏教的な観点から見れば、生まれることが苦であり、また生まれることから始まる人生そのものが苦であるから泣いているとも言えそうです。

面白いのは、赤ちゃんが生まれたときに泣かなければ、助産師さんが背中を叩いて赤ちゃんを必ず泣かすということです。これは肺呼吸を順調にスタートさせるための処置なのですが、仏教的に見れば、わざわざ泣かすことで「人生は苦なんだよ」ということを、教えているようにも見えます。

だから仏教では「生苦」を含めて四苦を説くのですが、なぜ生を苦ととらえる仏教が四月八日に「花まつり」と称して仏教の開祖ブッダの誕生を祝い、四月七日に法然の誕生を祝うのでしょうか。それは、仏教が「生・老・病・死」という「事実そのもの」が苦であると説いているわけではないからです。

老・病・死を苦と感じさせるのは、若さ・健康・生命に対する〈執着〉です。だから、それらに対する執着の心を制御すれば、老・病・死はもはや苦でなくなるのです。言い換えれば、老・病・死という自然の摂理を受け入れ、それにしたがって生きていけば、苦しみは生じません。

ということは仏教の四苦および**一切皆苦**《いっさいかいく》という考えは、〈執着する人間〉を前提としているのであり、われわれ人間は生まれながらにこのような〈執着の心〉を持っているといえるでしょう。「生→老→病→死」という人生のプロセスそのものは、本来、苦でも楽でもありません。われわれのとらえ方一つで苦にも楽にもなるのです。

【一切皆苦】
この世の中の現象のすべては苦であるという仏教の基本的な考え方。

◉ブッダや法然の誕生を祝う理由

話をもとに戻しましょう。「なぜブッダや法然の誕生を祝うのか」です。

まずブッダに関して言えば、今から二五〇〇年前、ブッダはインドに誕生しましたが、幼少期より、人間として生まれた者が、老いては病に倒れ、ついには死に帰すという人生に絶望を感じて出家し、その苦を克服すべく修行に打ち込み、ついには人間の心の奥底に潜む根源的な〈無知〉およびそれに基づいて起こる〈執着（渇愛）の心〉を発見し、それを克服することで老・病・死の苦から解脱《げだつ》しました。これがブッダのさとりなのです。

次に、法然のケースを考えてみましょう。すでに見てきたように、法然は末法の世に生を受け、父親を殺されるという過酷な人生を呪うことなく、むしろそれを人生の糧として、念仏こそが万人救済の道であるという新たな仏教を創造し、浄土宗という新たな宗派を樹立したのでした。

人生それ自体は、本来、苦楽を越えた無色透明なものなのですが、この執着の心を克服せずに生きれば、その人生は苦であり、結果として生きることに意味は見いだせません。一方、ブッダや法然は、人生の根本苦や過酷な人生から目を反らさずに、それと真摯に対峙し、克服することで自分の人生を意義あるものとしました。だからこそ、ブッダや法然の誕生は「お祝い」に値するのです。

◉それぞれに与えられた人生を生きる

たとえ過酷な人生であっても、それを呪うのではなく、むしろそれを自分の運命と受け止め、そこに自分の人生の意味を見いだすべく努力すれば、その人の人生は必ず充実するはずです。それは何よりも法然自身の人生が雄弁に物語っているのではないでしょうか。

我々は「ないもの」に不平不満をいうのではなく、「あるもの」を再認識し、それを、自分に与えられた時代と地域でどう最大限活かすことができるかに注力しましょう。それができたとき、我々の人生は「生きるに値する人生」になるでしょう。

我々が全員、法然のように生きる必要はありません。それは無理です。法然が学んだ天台宗の宗祖・最澄《さいちょう》は「一隅《いちぐう》を照らす」という言葉を遺しています。それぞれに与えられた使命は違いますが、それぞれが自分の使命を果たし、自分に与えられた一隅を確実に照らせば、世の中は明るくなるはずです。まずは自分の強みを自覚し、それを最大限活かして、「ともいき」の実現に貢献しようではありませんか。

第2話

恨みとどう向き合うか 父との別れ

二〇二二年に始まったロシアのウクライナ侵攻や、二〇二三年に始まったイスラエルとパレスチナの紛争は大きな問題となっています。また、これほどでないにしても、世界のどこかで紛争は起こり、また小さな組織の内部でも人間関係のトラブルはつきものです。さてその根っこには何があるかというと、「怨み／憎しみ」です。人間は些細なことがきっかけで言い争い、その火種が大きくなれば、戦争に発展することもあります。しかし逆に言えば、それを火種の段階で消しておくと、大きな問題にはなりません。その模範例を紹介しましょう。

◉父の遺言

法然の父である時国《ときくに》は地方豪族であり、押領使《おうりょうし》という地域の治安維持を担っていました。一方、明石定明《あかしさだあきら》は荘園領主に代わり、現地で荘園経営に当たっていた預所《あずかりどころ》を務めていましたが、荘園の支配関係が混乱していた当時、役職上、押領使と預所とは利害が対立し、両者の衝突は珍しくなかったようです。これを背景に、時国は明石定明の夜襲に遭って非業の死を遂げることになりました。時国は深傷を負い、いまわの際に法然を呼びよせ、次のように遺言しました。

おまえは、会稽の恥をはらそうと思って敵を恨んではならない。これはまったく前世における行いの報いなのだ。もし、おまえが恨み心をもったならば、その恨みは何世代にわたっても尽きがたいであろう。早く俗世を逃れ、出家《しゅっけ》して私の菩提《ぼだい》を弔い、おまえ自身も、悟りを求めるにこしたことはない。（一 - 五）。

武士の世界では「やられたら、やりかえす」という「敵討ち（復讐）」が常識でしたが、時国は武士でありながら、「敵討ち」という常識を超越し、息子の法然に仏の道を勧めたのです。

◉教育の力

私はここに「教育の力」を感じずにはいられません。この時、時国が「仇討ち」を勧めていたら、念仏の教えは誕生せず、日本の歴史は大きく変わっていたでしょう。武士でありながら仇討ちを勧めず、憎しみの連鎖を断ち切ろうとした時国の教育力には頭が下がります。と同時に、その遺言に素直に従った法然にも脱帽です。いくら父の遺言があっても、それに従わないこともできたと思うのですが、法然は父の遺言に従ったのでした。

伝記や法然の著作には明記されていませんが、私は法然には大きな葛藤があったのではないかと推察します。武士でありながら、大切な父を殺した相手に仇討ちできないという葛藤。

ここで、「ネガティブ・ケイパビリティ」をキーワードに法然の態度を考えてみましょう。これはコロナ禍を契機に見直されてきた言葉で、直訳すれば「否定的な能力」となりますが、決して悪い意味ではありません。「性急に安易な答えを出すのではなく、答えの出ない状況に耐える能力」を意味します。逆のポジティブ・ケイパビリティ（肯定的能力）とは「安易な答えを出す能力」です。

人生の重大な局面では、安易な答えに飛びつくのではなく、じっくりその局面と対峙し、納得のいく答えが出るまで耐える能力が大切になります。法然はこの葛藤を抱き続け、三〇年を超える葛藤との格闘があったればこそ、現代にまで生き残る「念仏往生の教え」が結実したのでしょう。

◉恨みに対する態度

先ほどご紹介した時国の言葉は、インド仏教の段階ですでに説かれています。初期経典の『**ダンマパダ**』の一節を紹介しましょう。

この世において、怨みを以て怨みに報いれば、怨みは決して止むことがない。怨みを捨ててこそ怨みは止む。これは永遠の真理である。

これが怨みに対する仏教の基本姿勢と言えるでしょう。難しいことですが、我々も肝に銘ずべき言葉ではないでしょうか。昨今、世界の各地で紛争が頻発していますが、復讐は次の復讐を生み、復讐の連鎖しかもたらしません。人間はこの単純な理屈に一刻も早く気づくべきです。

話は逸れますが、二〇一三年の出来事で印象的だった「怨みに対する態度」を紹介しよう。

【ダンマパダ】
法句経とも。ブッダの教えをまとめた原始仏典の一つ。全編四二三のパーリ語で書かれた詩で構成される。

マララ・ユスフザイというパキスタンの少女がいます。一五歳のとき、彼女はスクールバスで下校途中、「女性は教育を受けるべきではない」という偏見を持つタリバンに襲撃され、至近距離から銃で撃たれ、弾は彼女の左目の脇から首を通って左肩の辺りで止まりました。

重体でしたが、奇跡的に一命を取り留めた彼女は、何でも武力に訴えるイスラム過激派にペン（言葉・教育）の力で対抗し、女性教育の機会を拡大するための運動を展開しています。彼女は、二〇一三年七月一二日に国連本部でスピーチをし、次のように言いました。

私はタリバンを憎んではいません。たとえ私の手に銃があり、私を撃った男が立っていたとしても、私は撃ちません。これは、マホメット、イエス、ブッダから学んだ慈悲の心です。

大勢の大人を前に、こう言いきれる彼女に私は感服せざるをえません。

翌年、彼女は史上最年少でノーベル平和賞を受賞しました。

◉すべての敵を打ち倒す方法

最後にもう一つ、恨みに対する仏教の態度を確認しておきましょう。

何年か前にブータンの映画『ザ・カップ―愛のアンテナ―』を見ました。これはチベット仏教をテーマにしたもので、見習いの少年僧が、修行の身にもかかわらず、夜な夜な抜け出してはテレビでサッカーのワールドカップを観戦するという物語です。この映画の最後の方で、老僧と若い僧侶が次のような会話をしています。

「地球がごつごつして歩きにくいからといって、地球の全土に絨毯を敷き詰めるかね」「そういたしません」「ではどうするか」「靴を履きます」

「ではすべての敵を打ち倒すために相手を全員、殺すかね」「いいえ殺

しません」「そうだろう。すべての敵を打ち倒す方法、それは他者に対する憎しみの心を征することである」

これが仏教の怨みに対する態度です。でも、言うは易し、行うは難し。ニュースを見ていると、悲惨な殺人事件が頻繁に報道され、その度に犯罪被害者の、加害者に対する怨みの声が聞こえてきます。ある事件の被害者の父が「彼（加害者）が裁判で死刑にならなければ、俺が彼を殺す」とテレビの記者会見で話していたのが印象的でした。

当事者にすれば、これが正直な心情で、「怨みを捨てよ」という教えは机上の空論のように響きます。しかし仏教者としては、そのような人に寄り添い、その人の気持ちを理解しながらも、それでもなお「怨みは捨てましょう」と根気よく説いていかねばならないのではないでしょうか。

最初にも述べた通り、このような個人的な怨恨のみならず、民族同士や国同士が恨みに基づいて復讐の応戦を繰り広げているのが現状です。とくにイスラエルとパレスチナの問題は昨日今日の話ではなく、何千年もの年月を経て鬱積した怨恨が背景にありますから、解決には相当の時間と労力が必要です。それでも仏教者はこの仏教の態度を粘り強く、協商し続けなければなりません。

第3話　本当の目標を見失わないために　比叡山に登る

人の価値観はさまざまです。大学でも研究を重視する人がいれば、教育あるいは行政に力を入れる人もいます。僧侶の世界でも、教団内で出世することを目指す人もいれば、名誉には背を向け、人びとの救済に命を捧げる人もいます。様々な価値観がある中で、我々は自分の進む道をどう選択し、いかに進めばいいのでしょうか。法然の生き方を参考に考えてみましょう。

◉母との別れ

復讐を恐れた明石定明《あかしさだあきら》が法然の命を狙うのは必至だったので、法然は身を隠すため、実家の近くにある那岐山《なぎさん》・菩提寺《ぼだいじ》の住職で、母の弟であった叔父の観覚《かんがく》に引き取られました。実際に指導を始めた観覚は法然の非凡さに驚き、当時の仏教の最高学府である比叡山《ひえいざん》に法然を送ろうと判断します。それを知った法然は、悲しむ母親をなだめて次のように言いました。

私どもは生まれることの難しい人間として生まれ、めぐり会うことの難しい仏教に出会いました。目の前の無常を見ると、夢にすぎない現世での栄華をいとわねばなりません。特に、亡くなった父上の遺言が耳に残って忘れられず、早く比叡山へ登り、いっときも早く天台の一乗仏教を学ぶつもりです。ただ、母君が生きておられるうちは、朝夕お仕えし、貧しくとも孝行しなければなりませんが、〈迷いの世界をいとい、悟りの世界に入ることが本当の報恩だ〉と言われておりま す。いっときの離別を悲しんで、永遠の嘆きをお残しになりませんように。

(二一-三)

母は悲しさのあまり、抱擁した我が子・法然の黒髪を涙で濡らし、別れの歌をよみました。

形見とて　はかなき親の　留めてし
この別れさえ　またいかにせん

（形見として、亡くなった父親が残したこの子とまで別れなければならないとは。この上、どうすればよいというのか）　（二一-三）

◉比叡山へ

夫を喪《うしな》い、また一人息子と別離する母の心情、また父を喪い、まだ母親の慈愛が必要な時期に別れなければならない法然の心情は、察するに余りあります。何と過酷な人生なのでしょうか。こうして観覚は法然を比叡山に送り、旧知の源光《げんこう》に法然を委ねました。法然一五歳の時（一三歳説もある）です。

ついに法然は剃髪《ていはつ》し、比叡山東塔の戒壇院《かいだんいん》で授戒し、正式な出家者となりますが、この時の戒師は叡空《えいくう》で、この時から法然は「源空《げんくう》」と名乗るようになりました。これは最初の比叡山での師「源光」の「源」と戒師「叡空」の「空」をとって命名されたと言われています（他の説もある）。さて、源光も法然の才能に気づき、学僧の皇円《こうえん》に法然を託しました。

その後、皇円のもとで勉学に励んでいた法然ですが、あるとき、皇円に**隠遁**《いんとん》の志があることを伝えました。皇円から「それは天台の教義を修めてからにしなさい」とアドバイスされた法然は、次のように答えます。

私が世俗を離れた静かな生活を願うのは、生涯にわたり名声と利得を求める望みを絶ち、静かに仏法を修学するためです。おっしゃることはまことにその通りです。（三‐五）

こうして法然はその才能を遺憾なく発揮して難解な天台宗の教義を

【隠遁】
俗世を離れ、名声や利益などにとらわれない生活を送ること。出家と同義に用いられることも。

次々と理解しました。比叡山で学問と修行に身を投じた結果、師匠の皇円に「学問の道に励んで学位を得て、天台宗の指導者になりなさい」（三 - 六）と事あるごとに説得されましたが、それをキッパリと断ります。

卑近な言葉ですが、まさに「カッコイイ！」あるいは「シビレル！」の一言です。法然は名声や利得を追うための学問を嫌い、師匠のもとを去ると、一八歳で西塔黒谷《さいとうくろだに》の叡空の庵を訪ねたのでした。まったく他の僧侶と価値観が違っていたのでした。

◉「志」とは？

さて、ここで「志」ということについて考えてみましょう。これは「心指す」が語源ですから、自分の心が向かう方向を意味します。法然にとっての志（目標）は父の遺言どおり「復讐の心を制すること／父の菩提《ぼだい》を弔うこと／解脱《げだつ》を求めて救われること」ですから、いくら皇円に「天台宗の座主《ざす》になるように」と言われても、それが目標となることはありませんでした。まったくブレがありません。

天台宗の座主といえば、当時の宗教界のトップですから、名誉栄達の最高峰であり、出世の典型です。それを約束されたにもかかわらず、それを潔く捨て去ったのでした。「出世（＝出世間）」とは仏教用語であり、本来は「俗世間を離れて仏道に入ること」を意味しますが、その出世間の存在である僧侶が仏教界で出世を目指すという矛盾。法然もきっとこの矛盾に気づいていたのでしょう。

私はこの法然の姿勢を大事にしたいと思います。世の中では、どんなに高い志を持ってその道に進んでも、時間の経過とともに初心を忘れ、ともすれば我欲を増大させて政治に走るなど、非本来的な方向に進んでしまいがちです。それが仏教界ならなおさらです。

◉「念」の重視

では、それを防ぐためにどうすればいいでしょうか。一つの方法は、仏教本来の立場に立ち返ることです。では「仏教本来の立場」とは何でしょうか。それは「念」の重視です。我々にとって、念仏とは「南無阿弥陀仏ととなえること」を意味しますが、本来は文字どおり「仏を念ずること」です。しかし、ブッダの時代、念ずる対象は「仏」ではなく「自分自身」でした。

つまり、「念」とは本来「自己がいま、どこで、どのように存在しているのかを正しく自覚するという、仏教修行者のもっとも基本的なあるべき姿を示している用語」と言われています。「過去の自己がどうであったか、現在の自己はどうあるのか、そして未来の自己はどうあるべきか」について、たえず内観するのが「念」の意義なのです。

ですから、初心を忘れず、愚直なまでに初志を貫徹しようとする法然の姿勢を我々の鑑とし、常に念（＝自省自戒《じせいじかい》）の心を以て自己を厳しくチェックすることが大事です。

人間は弱い存在です。私も偉そうなことを言いながら、人から煽《おだ》てられれば自我は肥大化するし、また高い役職を与えられれば偉くなったと錯覚します。しかし、有り難いことに我々の身近には法然の姿があります。この法然の姿を鑑に「念」の心で常に自己を内観し、謙虚な姿勢で生活したいものですね。

私は「志す」を「心刺す」と理解します。法然が自分の生涯の目標に心を刺し、そこからまったくブレなかったように、私もなるべくブレぬよう、「念」の心を忘れず。初志を貫徹する覚悟です。

第4話
努力を続けるコツ　遁世

最近、大学では「評価」を大事にしますが、その中に学生自身の自己評価があります。学期の前後で自己評価をし、自分の能力がどれくらい伸びたかを測るのです。しかし奇妙なことに、よくできる学生にかぎって、学期末の自己評価が低くなっていることがあります。それは、学ぶことで謙虚さが身につき、自己評価の基準が厳しくなっているからです。

法然も同じでした。比叡山《ひえいざん》の黒谷《くろだに》にこもり、修学の日々を続ける法然。しかし研鑽を積むほど、自身がさとりへと至ることができないとの思いが募ったとされます。学ぶことで見える自身の至らなさについて考えてみましょう。

◉自己省察の深浅

法然は父の遺言に従い、その菩提《ぼだい》を弔うことと自分自身の解脱《げだつ》を求め、修行と勉学に精励しました。しかし、学べば学ぶほど、ゴールは遠のいていきます。仏教の基本的な修道体系は戒《かい》・定《じょう》・慧《え》の「三学《さんがく》」、すなわち、戒律《かいりつ》（戒）を保って自らの心身を整え、それができたら精神を集中（定）して、最終的に智慧《ちえ》（慧）を獲得するというものです。法然もこの道に従いました。

法然は生涯独身を貫いて戒律を保ち、精神集中（定）によって**三昧発得**《さんまいほっとく》（宗教体験）し、智慧第一の法然房と言われたわけですから、我々から見れば、戒・定・慧の三学のすべてにおいて優秀だったはずなのですが、その法然は、「三学非器《さんがくひき》（三学の器にあらず）」という厳しい自己評価を下しました。なぜでしょうか。

それは、法然の求める水準が高いことに加え、自己省察が格段に深い

【三昧発得】正しい智慧（物事を判断し、決定する心の働き）が生じ、仏や浄土などを目の当たりに感じ見ること。

ため、その間のギャップが大きくなったからだと推察されます。通常の人ならせいぜい心の一メートルの深さをのぞき込むのが精一杯だとすれば、法然は一キロの深さまで見すえていたのではないでしょうか。

同じ量の悪業が心の奥底に潜んでいても、その洞察が浅ければ、認識できる悪業の量は少なく見えますが、省察が深まれば、そこにヘドロの海のような悪業を発見し、自分自身に絶望するでしょう。

◉謙虚さ

何ごとにおいても、最終的な到達点はありません。真にその道を究めようとする者は、頂点なき山を目指して登るのです。「それは馬鹿げている」と嘲笑する人もいるでしょう。いくら登っても頂点には到達しないわけですから。

しかし、登れば登るほど見える景色はよくなるので、ここに登り続ける意味があります。芸事でも研究でも、「私はついに極めた！」と思った瞬間、逆説的ですが、何も極めていないことになるのです。

真摯な求道者には謙虚さ（＝自分自身を相対化する視点）があります。逆に言えば、この謙虚さを持っていることが真摯な求道者の証と言えるでしょう。ソクラテスの「無知の知」や、俳句の「実るほど頭を垂れる稲穂かな」も同趣旨です。

茨の道ではあったでしょうが、第2話で取り上げた、安易に答えを出さない「ネガティブ・ケイパビリティ」を大事にし、納得いくまで考え抜こうとした法然の絶望感は我々の想像をはるかに超えています。しかし、この時期をじっと耐えて過ごしたからこそ、四三歳の時に宗教的回心がもたらされたのではないでしょうか。

この謙虚さは法然を遁世《とんせい》に導きます。「遁世」とは旧来の仏教システムの中で出家した者がさらにそこから離れて隠棲することです。法然は一五歳で正式な出家者となりましたが、一八歳で黒谷で遁世したのでした。なぜでしょう。

当時、比叡山の僧侶たちは自分たちの名誉栄達に現《うつつ》を抜かし、また延暦寺の**僧兵**《そうへい》たちの蛮行は目に余るものがありました。純粋に仏道を追い求める法然にとって、もはや比叡山の表舞台は俗世そのもの、いや俗世以下だったのではないでしょうか。

そこで法然は、真に道心ある者たちが集う比叡山の裏舞台、西塔《さいとう》の黒谷に居を移しました。一三歳の出家と一八歳の遁世を比べれば、一八歳での遁世の方が真の意味での出家ということになります。

なぜなら、法然自らの意志がそれほど積極的に働いていない一三歳の出家に対し、一八歳での遁世は求道心に燃える法然の自発的な行動だったからです。このような出家者を「遁世僧」といいます。法然をはじめ、鎌倉新仏教の宗祖は基本的に皆、遁世僧なのです。

やはり、旧来の伝統的なシステムの中で何か新しいことを創造するのは極めて困難なようです。こうして比叡山の表舞台を飛び出した法然は、自らの信念を貫くべく、ブレずに自ら求道の道を歩み始めます。伝統教

【僧兵】
武装した僧侶およびその集団。武力によって所属する寺院の権利獲得の要求を行った。

団の中で出家しながらも、そこから飛び出して独自の道を歩み、独自の仏教を樹立した法然の姿を、浄土宗の出家者（僧侶）はどうとらえるべきでしょうか。

◉法然の思いを継承する

法然の時代、南都北嶺《なんとほくれい》（南都六宗《なんとろくしゅう》と天台宗《てんだいしゅう》・真言宗《しんごんしゅう》）の伝統仏教にとって、浄土宗は新興仏教でした。伝統仏教のあり方に異を唱え、法然は浄土宗を打ち立てましたが、その浄土宗も長い星霜を経て、今や伝統仏教になっています。伝統があることはよい面もありますが、問題もあります。伝統に胡座《あぐら》をかき、組織の維持が最優先され、内発的な改革をするのが難しくなるのです。

浄土宗のみならず、鎌倉時代に淵源《えんげん》を持つ宗派は皆、当時は新興宗教でしたが、今や伝統仏教となりました。昨今、仏教には厳しい目が向けられています。**葬式仏教《そうしきぶっきょう》**の機能不全、高額な戒名《かいみょう》料の問題、そして布

【葬式仏教】
現代の寺院の宗教活動の多くが葬式になっていることを揶揄した言葉。

教を疎かにする僧侶など、解決すべき問題は山積みですが、充分な改革はできていません。

にもかかわらず、教団内では政治ばかりに奔走する僧侶も少なからずいるでしょう。これはまさに、法然が嫌悪した当時の比叡山とまったく同じ状況ではないでしょうか。

残念ながら、第3話で指摘した「志」のある出家者はだんだん減っています。最初は熱い志を持っていても教団内で活動するにしたがって徐々にその最初の志を忘れ、ついには政治に走ってしまうというケースも少なくないのではないでしょうか。

少なくとも法然を奉じる浄土宗の僧侶は、遁世したときの法然の志を忘れるべきではないでしょう。教団から飛び出すことは難しくても、教団内にあって、遁世した法然の思いを真摯に受け止め、常に「念」の心を忘れずに活動することが大事だと考えます。第4話は、自戒の意味も込め、この法然の思いを肝に銘ずるべくしたためました。

令和六年の開宗八五〇年をはじめ、さまざまな節目にそれを祝う行事が営まれてきました。それ自体を否定はしませんが、それ以上に重要なことは、そのような節目を迎えるたびに浄土宗僧侶が法然（特に遁世したときの法然）を鑑として自らのあり方を未来に向けて真摯に問い続けていくことではないでしょうか。

第5話 真の師匠とは 師僧とのやりとり

理想的な師弟関係とはどのようなものでしょうか。「師弟関係」というと意味内容がかなり狭くなるので、これを「上司と部下の関係」に置き換えてみましょう。かつては部下だった人も年齢を重ねるに従い、今度は上司の役を演じなければならないときがやってきます。

高圧的な上司もいれば放任主義の上司もいるし、素直な部下もいれば生意気な部下もいます。いずれの立場に立っても、それぞれ違った悩みはありますが、ここでは黒谷《くろだに》に隠棲した法然と、そこでの師匠である叡《えい》空《くう》のやりとりから、理想的な師弟関係について考えてみましょう。

◉黒谷での法然

まず黒谷に隠棲した法然の基本的立場を確認しておきましょう。伝記によれば、次のように記されています。

法然上人は、黒谷に隠棲してからは、ひたすら名声や利得を捨て、一途に迷いの世界を離れる道を求める思いがしきりであった。そのため、どのような方法を選べば今度の生涯で、間違いなく迷いの世界を離れることが出来るのかをはっきりさせるため、一切経《いっさいきょう》を数回にもわたって読み、目を通さない自宗・他宗の論書や注釈書はなかった。

(四 - 一)

さすがですね。まったくブレがありません。こうして法然は本格的な求道の道を歩み始めますが、一途であっただけに、法然は師匠の叡空と衝突することもありました。

◉激しいやりとり

あるとき、法然は戒に関して叡空と討論しましたが、互いに譲らず、意見のやりとりが再三繰り返され、問答が長時間にわたったため、立腹した叡空は木枕で法然を打ちつけ、その場を立ち去ります。師匠に対して自説を曲げなかった法然の頑固さもさることながら、いくら師匠とはいえ弟子を木枕で打ちつけるとは、なんとも過激な師匠です。

皆さんの「上司と部下」の関係ではどうでしょうか。こんなことが起こると、いまでは「ハラスメント案件」となりますが、今から八〇〇年以上前の話なので、そこには目をつぶって次に進みましょう。

ともかく、師匠の叡空からすれば「生意気な弟子」でしょうし、弟子の法然からすれば、「暴力的な師匠」ということになります。ここだけ見れば、二人の関係は絶望的ですが、実はそうではありませんでした。

叡空が偉かったのです。

その後、叡空は深く思慮すると、数時間後、法然の部屋を訪れて、「あなたの言われたことは、実は天台大師《てんだいだいし》の真意であり、絶対真実の**円頓戒**《えんどんかい》の究極の教えであった」（四‐一）と告げました。この後、伝記は「仏法を探究する際、好悪を持ち込まないのは感心なことである。このようなわけで、上人を模範とし、師の慈眼房《じげんぼう》（叡空）が反対に弟子となられた」と記しています。

私はこの一節を読んで、「叡空は凄い！」と唸ってしまいました。なかなかできることではありません。伝記は法然を称讃する目的で書かれていますから、実際に叡空が法然の弟子になったかどうかは分かりませんが、叡空の態度は見事でした。

◉真理探究という共通項

このエピソードから何が学べるでしょうか。ここでは、法然よりも叡

【円頓戒】
天台宗や浄土宗に伝えられる最高の大乗戒（大乗仏教の修行者が守るべき規則）のこと。法然が叡空からこの戒を相承したことで、浄土宗にも広がった。

空の態度に焦点を当てて考えてみましょう。

ここでの問題は、「双方が何を目的としているのか」です。師匠の役割とは何でしょう。弟子に自己の存在の偉大さを誇示することでしょうか。あるいは弟子を育てることでしょうか。もしも前者であれば、叡空は自分が間違ったことが分かっても、それを隠して弟子を責め、それでも弟子が謝らなければ、その弟子を破門にするでしょう。師匠ですから、弟子を破門にすることなど朝飯前です。

しかし叡空はそうしませんでした。ここでは弟子を育てるということ以上に、叡空が目指したものが「真理の探究」にあったと私は考えます。これは法然も同じです。媚を売って、自説を曲げてでも師匠のご機嫌を取ることは決してありませんでした。なぜなら法然も真理を探究していたからです。

この「真理の探究」という共通の価値さえ共有していれば、弟子といえども激しく議論を挑み、師匠といえども自説に非があれば、それを素直に認めることができます。何ともすがすがしい光景ではないでしょうか。上司と部下の関係も、こうあるべきではないでしょうか。

◉私のつたない経験

これについては、お恥ずかしながら、私のつたない経験も紹介させていただきます。大学院時代の話です。私はインド仏教を専攻していました。インドの仏教を研究するためには、サンスクリット語というインドの古典語を習得しなければなりません。これはギリシャ語やラテン語と並んで、非常に難解な言語です。

当時、京都大学を退官してから佛教大学に赴任された梶山雄一先生のサンスクリット語仏典講読の授業を履修していました。梶山先生は世界的に有名な研究者です。授業の進め方は、原典を読み、その単語一つ一つの文法的な解釈を先生が確認しながら読み進めるというものでした。

その日は私が当番として読むことになっていましたが、ある単語の理解をめぐって、梶山先生は私の解釈が間違っていると指摘されました。解釈に自信はあったのですが、世界に名だたる研究者の言われることですから、私は自分が間違っていたのだと引き下がりました。ここが法然と大きく異なるところです。法然なら食い下がっていたことでしょう（同じ「下がる」でも「引き下がる」と「食い下がる」はずいぶん違いますね）。

その日の午後、下宿で夕飯の支度をしていると、大家さんが私に電話だと知らせてくれました（今みたいに携帯電話を皆が所有している時代ではありません）。誰からだろうと訝《いぶか》りながら電話に出ると、「梶山です。今日の私の解釈は間違っていました。あなたの解釈が正しいです。お見事でした」と先生は言われたのです。

私は自分が正しかったという喜びよりも、世界的な研究者がその日のうちに大学院生の下宿に電話をかけ、自分の非を認められたことに驚きを隠せませんでした。おそらく、梶山先生にとっては「真理の探究」こそが最優先の目的であり、それが間違っていたらプライドなどは打ち捨てて自分の非を認め、たとえそれが大学院生であっても正解ならば誉める。逆にこの一件で、私は梶山先生の度量の大きさ、研究者としての懐の深さに打たれてしまいました。

◉理想的な師弟関係

師匠も弟子も目指すべき目的は同じです。弟子が師匠を敬うことはもちろんですが、目指すべき目的については、納得いかなければ弟子であっても師匠に納得いくまでとことん討議をふっかける。そして、それが間違っていると分かったら、師匠であっても素直に弟子に謝る。そういう関係でありたいものです。

また、師匠は弟子の出世を妬むのではなく、それを心から喜ぶというのも大事でしょう（部下の足を引っ張る上司は最低です!）。最近の事例では、将棋界の藤井聡太（弟子）さんと杉本昌隆（師匠）さんではないでしょうか。弟子の活躍を嬉しそうに語る杉本さんは、いつみても微笑ましく、人間としての度量の大きさを感じます。上司と部下の関係もこうありたいものですね。

第6話
早く解決することだけが正解ではない
二五年の引き籠もり

現代はＶＵＣＡの時代と言われています。これはVolatility（変動性）・Uncertainty（不確実性）・Complexity（複雑性）・Ambiguity（曖昧性）の頭文字をとったもので、社会やビジネスにおいて未来の予想が困難になっている状態を示す言葉です。それを象徴するのが、二〇二〇年以降の新型コロナウイルスの流行でした。まさに予測困難な混迷の時代の幕開けです。

今までの常識や価値観が通用しなくなった今、新たな常識や価値観（ニューノーマル／ニュースタンダード）をいかに打ち立てるかが問われています。混迷の時代と言えば、平安時代末期から鎌倉時代にかけても状況は同じであり、その時代に生を受けた法然は専修念仏《せんじゅねんぶつ》という新たな価値観を創造しました。混迷の時代に生きる我々は法然から何を学ぶべきでしょうか。

◉末法という混迷の時代

コロナ禍も大変でしたが、平安時代から鎌倉時代にかけても同じような事態が生じていました。この時期、日本は公家社会から武家社会へと政治の主権が変わる社会変動期であり、新たな時代へ突入したため、古い価値観は通用せず、新時代にふさわしい価値観が強く求められていました。また当時、頻発した天災や飢饉も、仏教の下降史観である「末法《まっぽう》」に現実味を加え、「死」がむき出しになった時代でもあったのです。

鴨長明《かものちょうめい》（一一五五？～一二一六）の『方丈記《ほうじょうき》』に当時（平安末期～鎌倉初期）の状況が詳しく描かれていますが、彼の存命中だけで改元は二三回行われ、そのうち天皇即位による改元は八回、災異による改元は

【鴨長明】
平安時代末期から鎌倉時代前期にかけての歌人・随筆家。主著である『方丈記』は建暦二年（一二一二）三月三〇日成立の随筆で『徒然草』と共に中世随筆文学の双璧とされる。

一三回に及びます。その災異改元の内訳は、地震二回、水災一回、火災二回、戦乱三回、疫病七回、飢饉一回（重複を含む）です。現代もコロナ禍と自然災害で人びとは右往左往していますが、それ以上に平安末期から鎌倉初期にかけての状況は酸鼻を極めていました。

また鎌倉時代全体で考えても、改元五〇回中、災異改元が三〇回あり、そのうち地震による改元が一一回、疫病一一回、干ばつ五回、風災四回、水災・飢饉・火災が各三回（重複を含む）でした。一〇五二年、末法に突入した日本の中世は今以上に混乱を極め、まさにニューノーマルを希求していた時代だったと言えるでしょう。

当時の正統仏教は、奈良時代に成立した南都六宗《なんとろくしゅう》と、平安時代に新設された天台宗《てんだいしゅう》と真言宗《しんごんしゅう》でしたが、法然を嚆矢《こうし》とする鎌倉新仏教の祖師たちは異端者としてニューノーマル（鎌倉新仏教）を確立したのです。

ただし彼らは安易に答えを出したのではなく、天台宗で総合的に仏教を幅広く学び、修行と勉学の往還から、答えの出ない状況に耐えながらも、それぞれ独自の新たな仏教を創出しました。当時は異端視されましたが、徐々に正統仏教の地位を確立し、今では天台宗と真言宗に加え、鎌倉新仏教に淵源《えんげん》を有する宗派が日本の正統仏教となっています。

このように、時代的には一〇〇〇年ほどの隔たりがありますが、時代性および時代の危機意識という点で、二つの時代は酷似しています。では、どのように法然は新たな仏教を創造したのでしょうか。

◉ネガティィブケイパビリティ

コロナ禍を経験したことで、かつて違った文脈で使われていた言葉が新たな文脈で脚光を浴びている例がいくつかありますが、ここでは先ほども何度かふれた「ポジティィブ・ケイパビリティ／ネガティィブ・ケイパビリティ」を取り上げ、この視点から法然の生き方を確認してみましょう。

直訳すれば、前者は「肯定的能力」、後者は「否定的能力」となり、これだけみると、前者が後者よりも優位な概念にみえますが、実はそうではありません。ここでは前者を「安易な答えを出す能力」、後者を「答えの出ない状況に耐える能力」と解釈しましょう。こう定義すると、後者が前者よりも優位な概念となります。

この語はイギリスの詩人ジョン・キーツ(一七九五〜一八二一)が造った用語です。最初は詩人(あるいは文学者)に必要な能力として使われましたが、後に精神医学の世界でも重要であると再発見・再評価され、さらに今回のコロナ禍で再再発見・再再評価され、新たな注目を集めました。

みんなが不安に陥っているとき、人びとはその状況を早く切り抜けたいために、安易な解決策に飛びつこうとします。今回のコロナ禍で、どこかの首長が「ポビドンヨードを含むうがい薬がコロナの抑制に効果がある」旨の発言をすると、ドラッグストアなどでこの成分を含むうがい薬が売り切れ、ネット上では高額な値段で転売されるなどの事態が生じました。

専門家は「科学的根拠が弱い」と指摘し、物議を醸したことは記憶に新しいですが、これなどはまさにポジティブ・ケイパビリティの典型です。「一日も早くこの災禍を何とかしたい」という気持ちは理解できますが、そういうときは安易な答えに飛びつくのではなく、答えの出ない状況にもじっくりと耐える能力が必要なのです。それがネガティブケイパビリティなのです。

◉二五年の引き籠もり

一口に「二五年」と言いますが、これは「四半世紀」を意味します。法然の人生で言えば、およそ三割に相当する時間、黒谷《くろだに》に引き籠もっていたことになります。皆さんは同じ問題を二五年間、考え続けたことはありますか。私には経験がありません。

法然は父を夜襲で喪《うしな》い、父の遺言に従って、父の菩提《ぼだい》を弔い、自らの解脱《げだつ》を求めるべく出家しました。その答えを得ることは、簡単ではありません。私なら、どこかで考えるのを諦めるか、あるいは安易な答えで妥協していたでしょう。しかし、法然は違っていました。納得のいく答えを探究すべく、とことん考え抜いた結果、二五年という歳月が流れたのでした。

末法という時代的危機意識を背景に、頻発する飢饉に天災、また当時の腐敗した仏教界など、山積する問題を無視することなく、自分が生きる時代と、その時代に生きる人びとにピッタリ合った仏教を模索すべく、法然は苦悩し続けたのでした。これを「ネガティブ・ケイパビリティ」と呼ばずして、何と呼べばいいでしょうか。

◉これからの時代の模範として

この法然の生き方に、私は現代人が模範とすべき姿勢を見るのです。すでに説明したように、これからは予測困難な時代です。何が起こるか分かりません。そのような時代、「絶対的に正しい答え」など存在しません。これから我々が目指すべきは「最適解」だと言われています。その状況に合わせて、最も適切な答えは何かを模索することです。

そしてさらに重要なことは、状況が変われば、その解は最適解ではなくなる可能性があるので、次なる最適解を模索しなければなりません。

法然が体現した「答えの出ない状況に耐える能力」、すなわち「ネガティブ・ケイパビリティ」は、これからの時代に必要とされる能力ではないでしょうか。いまからおよそ八〇〇年前に、すでにこれを実践していた法然には驚愕せざるをえません。

第7話

行動することの重要性

清涼寺参籠と南都遊学

皆さんは考えてから行動するタイプですか。あるいはまず行動してから考えるタイプですか。どちらもそれぞれメリットとデメリットがあるでしょうが、ここでは行動することの重要性について考えてみたいと思います。

時代が進むにつれて、心の働きが優位になります。それに伴い、体は後退してしまいます。体をフルに使うスポーツでさえ、最近はｅスポーツが流行し始めていますし､ヴァーチャルリアリティやメタバースなど、脳や心の働きばかりが強調され、それと反比例するように、身体性は忘れられつつあります。

しかし、人間は身体を有する動物です。これを忘れてはなりません。

人間は体を持たない霊的な存在ではないのです。身体性が欠如する現代、法然の行動を手がかりに、体で行動することの重要性を考えてみましょう。

◉清涼寺参籠

第6話では、法然の二五年の引き籠もりについて説明しましたが、その間、法然はずっと黒谷《くろだに》に留まっていたのではありませんでした。一八歳で黒谷に籠もり、四三歳で回心するまでの二五年間、一度だけ黒谷を出て、今も京都市内に建つ清涼寺《せいりょうじ》に参籠《さんろう》し、またその後、南都《なんと》へと遊学に出かけます。清涼寺参籠に関して、伝記には次のように記されています。

保元元年（一一五六）、上人が二十四歳の時、叡空《えいくう》上人に暇を願い出て、嵯峨《さが》の清涼寺に七日間の参籠をされたことがあった。求法のこ

とだけを祈り願うためであった。この寺の本尊釈迦如来は、はるかインドを出て中国に入り、やがて日本へと、三国に伝わった霊像であるから、ことのほか深い思いを寄せられたのも、もっともなことだと思われる。（四 - 一）

この仏像の体内には内臓を模した詰め物も納められており、まさに「生き仏」として信仰されていたので、法然にすれば、直接ブッダに触れる思いで参籠したのではないでしょうか。ここにも法然の「何とか目的を成就したい」という熱意が伝わってきます。

そこでは、度重なる天災や飢饉にあえぐ一般の庶民が、この「生き仏」である釈迦如来像に心からの祈りを捧げていたのでした。しかし、このときの法然にとって、より重要だったのは、生き仏を目にすることではなく、この社会の最底辺で呻吟《しんぎん》する人びとの姿を目にすることだったのではないでしょうか。

飢えでお腹だけが出っ張った孤児、飢えのために乳も出ず、赤ちゃんを抱いて悲しそうに佇む母、戦で手や足の一部を失った武士、病で苦しむ老人など、当時の惨状が凝縮された場に居合わせた法然。比叡山《ひえいざん》の山奥では決して目にすることのなかった生の現場を見せつけられ、さらに求道の心に拍車がかかったのではないでしょうか。

法然が新たに樹立した仏教は「すべての人びとがもれなく救われる」という平等性で貫かれていますが、その背景には、このとき清涼寺で見た人びとの惨状があったのではないかと私は推察します。このような世間の最底辺で呻吟する人びとすべてが救われる仏教を目指したのでしょう。

◉南都遊学

清涼寺での参籠を終えると、法然は南都（現在の奈良県）に向かい、南都《なんと》六宗《ろくしゅう》の学僧と会って、その仏教を修得しようとしました。比叡山での学問は一通り修得したので、次に南都の仏教を修めようとしたのでしょう。学ぶことに貪欲な法然の姿が浮かび上がってきます。といっても、学問を修めることが目的ではありません。父の菩提《ぼだい》を弔い、自らの解脱《げだつ》を求め、さらには清涼寺で見たすべての人びとが救われる仏教を目指してのことです。

まず法然は法相宗《ほっそうしゅう》の碩学である蔵俊僧都《ぞうしゅんそうず》を訪ね、いろいろと質問すると、蔵俊は答えに詰まることもあったようで、逆に法然が独学で学んだ解釈を述べると、蔵俊はその解釈に感服してしまいました。そして蔵俊は法然の弟子になることを申し出て、毎年、法然に供養の品を送り届けたと言います。

また醍醐寺《だいごじ》には三論宗《さんろんしゅう》の学者である権律師寛雅《ごんりっしかんが》が住んでいて、法然はそこにも足を運び、自分の考えを披瀝すると、寛雅は「自分には後継者がいないが、あなたは三論宗の教えを極めているので」と、三論宗の秘書をすべて法然に進呈しました。

つぎに法然は、華厳宗《けごんしゅう》の学僧である法橋《ほっきょう》に会うべく、仁和寺《にんなじ》を訪れます。そこでも法然が華厳宗に関する自分の理解を詳しく説くと、これを聞いた法橋は感嘆してしまいました。臨終のとき、法橋は法然を招いて戒を受け、法然の弟子となったのでした。

このように比叡山で本格的に天台《てんだい》教学を修めた法然は、独学で南都六宗の教学も修めていましたが、その理解を確かめるために現場に赴いてその道の専門家に尋ねても、自分の理解を超えることはなかったのです。

こうして天台教学と南都六宗の教学を修めた法然は、当時のすべての仏教の教学を修めたことになるのですが、それでも自分の出家の素懐《そかい》を遂げることはできませんでした。こうなると、法然は誰にも頼らず、独自の道を切り開くしかなくなりました。大変ですが、少しずつ回心の時期が近づいてきます。

◉無駄なことは何もない

このときの法然の行動から、我々は何が学べるでしょうか。いろいろとあるでしょうが、参考までに私見を述べます。

注目したいのは、目的を成就するために、やるべきことはすべてやるという姿勢です。比叡山の黒谷に籠もって勉学に集中するも、解決の道が見いだせなかった法然は、清涼寺に参籠しました。生き仏に対面することで解決の糸口を見いだそうとしたのです。結果的にそれは奏功しませんでしたが、副産物として、実生活で喘ぐ庶民の姿を目にしたことは、法然に大きな影響を与えました。

私心をなくして必至に何かを求めれば、最後に仏はそれを与えてくれるように私は思います。この場面だけを切り取れば、清涼寺の参籠は法然に何ももたらしませんでしたが、後に平等性の仏教を確立する意味で大きな影響を与えたと思います。

南都遊学も結果としては何も法然にもたらしませんでしたが、これを行うことにより、「こうなった以上、後は独自で切り拓くしかない」と法然に決心させたという意味では、必要だった不必要だといえます。

つまり、その時点での清涼寺参籠も南都遊学も直接的には何も法然にもたらしませんでしたが、懸命になって行動したからこそ、結果として新たな仏教を樹立する原動力となったのです。

私は「無駄なことは何もない」と思っています。経済原理あるいは功利主義の影響により、現代人は損得勘定で行動することが習慣化されています。それを判断するのは人間の自我（エゴ）ですが、人間のエゴは間違うことも多々あります。エゴが「無駄」と判断しても、長い目で見れば、「それは結果として必要だったのだ」ということがあります。

行き詰まったら、無駄を恐れず、まず体を使って行動する。そうすれば、道が開けることもあります。この時期の法然の行動が、それを何よりも饒舌に物語っているのではないでしょうか。

第8話 ピンチはチャンス 回心

人間には自我（エゴ）があります。自我が芽生えることで、我々は子どもから大人へと成長していきます。たしかに、自我は成長には必要ですが、それは苦しみの原因となる煩悩《ぼんのう》に基づいていますので、ときには厄介な存在でもあります。人間は自分にとって有利なことを好み、不利なことを嫌いますが、この「有利／不利」はあくまで自我の判断であり、いつも正しいとは限りません。

成功した人には、必ずと言っていいほど苦悩や挫折の体験があり、またその克服と引き換えに成功が与えられます。とすれば、成功のためには苦悩や挫折は必要だということになりますね。自我が「不利」と判断する苦悩や挫折を遠ざけることは、成功するチャンスも遠ざけていることなるのです。では法然がどのように苦悩を克服して回心したのかを見ていきましょう。

◉創造的病・創造的退行

四苦《しく》の一つにも数えられているように、病は苦です。苦である病に「創造的」という肯定的な形容句をつけることには違和感を覚えるかもしれませんが、天才的な思想家や芸術家は、何か顕著な思想や作品を創造する前には、このような病を経験しているので、「創造的病」と呼ばれます。

また「創造的退行」という表現もあります。臨床心理学者の河合隼雄《かわいはやお》はこれを、「相反するものが、一つに統合されることで創造がなされる。相反するものの片方を抑圧すれば簡単な解決が得られるが、それは創造的ではない。自我はその両方に関与していこうと努力すると、自我はどちらにも傾けず、一種の停止状態に陥ってしまうので心的エネルギーは退行してしまうが、それをうまく統合できれば、新たな創造につながる

【四苦】
仏教が、根本的な苦しみと考えている生・老・病・死の総称。

（取意）」と説明しています。

逆に言えば、そのような体験を通じてしか、後世に長く影響を及ぼすような思想や作品は生み出されないとも言えるでしょう。ピカソ、夏目漱石、ゲーテ、チャイコフスキーなど、枚挙にいとまがありません。

今から八〇〇年以上も昔の話ですから、実際に法然が精神的な病に罹っていたかどうかを確認するすべはありませんが、法然が当時の常識（パラダイム）を覆す（シフト）ような新しい仏教を創造する前には、ここまで見てきたように、長い長い退行（引き籠もり）の時期があったのです。

バネが力を発揮するには、いちど縮まなければならず、人間がジャンプするには、いちど屈まなければならないように、パラダイムシフトを生み出すような革新的な思想を創造するには、爆発的エネルギーを蓄える退行の時期が必要なようです。回心を直前にして、法然のバネは縮みきっていたのでした。

◉絶望の極み

そのバネが縮み切った法然の絶望の心情を、伝記によりながら確認してみましょう。そこには、次のようにあります。

さてここに、我われのようなものは、とても戒《かい》・定《じょう》・恵《え》の三学《さんがく》を修められる器ではない。この三学以外に私の愚かな心に見合う教えがあるのだろうか。私の身に堪えられる修行があるのだろうかと思って、あらゆる知恵者にそれを求め、多くの学僧に問い尋ねたが、教えてくれる人もなく、示してくれる仲間もいなかった。（六‐四）

三学とは仏教の基本的な修行の体系で、戒律を守って身心を調え、禅《ぜん》定《じょう》（坐禅）を実践して精神を集中すれば、最終的に仏教の最終目的である智慧《ちえ》が獲得されるという道筋を示しています。

法然は生涯独身を貫いて持戒《じかい》の生活を実践し、また三昧発得《さんまいほっとく》（宗教体験）して禅定も習得し、さらに「智慧第一の法然房」と言われるほど仏教の教義を修得した人物であるにもかかわらず、「三学非器（三学の器に非ず）」と自分に絶望したことはすでに説明しました。法然ほどの人物が三学の器でないとすれば、我々はどうすればいいのでしょうか。

ともかく、三学が基本的な仏教の修行体系であるとして、その器でないとするならば、従来の仏教の枠組みから完全に外れることになるので、法然が絶望するのも無理はありません。この他にも、『**醍醐本法然上人伝記**《だいごぼんほうねんしょうにんでんき》』には「解脱《げだつ》の道に煩い、身も心も安らかではなかった」という法然の絶望の言葉が遺されています。

完全に八方塞がりの法然。すべての道を閉ざされた法然。絶望のどん底だったに違いありません。父を殺され、母と別れて比叡山《ひえいざん》に登るも、そこは俗界以上の俗界であり、黒谷《くろだに》に籠もって二五年の歳月が流れたものの、まだ希望の光は見えない法然の心情は察するに余りあります。

【醍醐本法然上人伝記】
法然の伝記の一つ。真言宗醍醐寺派総本山の醍醐寺（京都市）に所蔵され、法然の法語などを収録している。数多くある法然伝のうち最古のものとされる。

◉ようやくもたらされた回心

しかし、仏は法然を見放したのではありませんでした。法然四三歳のとき、縮みきったバネはようやくジャンプする機会を得ました。そのときの状況を伝記で確認してみましょう。さきほどの伝記の記述の続きです。

そのようなわけで、嘆きなげき経蔵《きょうぞう》（青龍寺《せいりゅうじ》の報恩蔵《ほうおんぞう》）に入り、悲しみかなしみ聖教《しょうぎょう》に向きあい、みずから開いて読んだところ、善導和尚の『観経疏《かんぎょうしょ》』の、〈一心にもっぱら阿弥陀仏の名号を称えて、何時いかなることをしていても、時間の長短に関わらず、常に称え続けてやめないこと、これを正定《しょうじょう》の業《ごう》というのである。それは、阿弥陀仏の本願の意趣に適っているからである〉という一文に出会えた。その後は、我われのような無智な者は、ひたすらこの一文を尊重し、もっ

【聖教】
聖人が説いた教え。仏の教えを指して言う場合が多い。

【正定の業】
極楽浄土への往生が正しく定まる行、もしくは阿弥陀仏によって正しく定められた行のことで、称名念仏を指す。

ぱらこの道理を頼りとして、常に続けてやめることなく名号を称えて、それを間違いなく往生できる行いとしようと考えたのである。

（六 - 四）

法然は青龍寺の経蔵に籠もり、善導の著した『観経疏』の一節に出会うことにより、天啓を得たように、忽然と回心したのでした。ここだけを見れば一瞬の出来事ですが、この一瞬の背後には、二五年の煩悶、もっと言えば、それまでの全生涯である四三年の人生があることを忘れてはなりません。この回心は、まさに「氷山の一角」に過ぎないのです。そう考えると、第7話で確認したように、無駄が実は無駄でないことが分かりますね。

◉苦労は成功の種

我々は自分勝手なエゴの判断に基づき、好き嫌いを決めてしまいます。

エゴの好物は「自分の思い通りになること」、苦手は「自分の思い通りにならないこと」です。それに従えば、二五年の引き籠もりで舐めた辛酸はまさに嫌悪すべきものですが、ここで確認したように、それがなければ新たな仏教は樹立されていなかったでしょう。

たとえば、細菌学者の野口英世もそうでした。彼は一歳のとき、囲炉裏に落ちて左手に大火傷を負います。小学生の頃は、その火傷のせいでいじめに遭いました。その後、手術をすることで不自由ながらも左手の指が使えるようになりましたが、これが機縁となって医師の道を志すことになります。

結果的に彼は梅毒や黄熱病の研究で顕著な業績を挙げ、三度もノーベル賞の受賞候補に挙げられますが、本人は「この左手の障害がなければ、私はここまでこられなかった」旨の発言をしています。恨みに恨んだ左手の大火傷があったからこそ、野口はそれに負けじと勉学に励み、大きな業績を上げたのでした。

他の成功者にも、同様の経験は見いだせるでしょう。エゴの好物だけ食べていたら、大きな成功には辿り着けないようです。

第9話　自分を更新し続ける　布教に向けて

人生八〇年と言います。この間、ただ単に一年ごとに歳を積み重ねるのではなく、ある時期には飛躍的に人生のステージが上がることがあります。その典型例が子どもから大人になる段階です。これを「イニシエーションョン（入信儀礼）」と言います。昔の日本で言えば、「元服」がこれに当たるでしょう。

イニシエーションは本来、宗教の用語でしたが、今ではさまざまな場面で使われます。転職や配置転換、引っ越し、子どもの独立、両親との死別など、環境が変わって、今までとは違った生活に入ることもありますね。

古い価値観を引きずって新たな環境に入ると、さまざまな障害を引き起こします。そんなときには新たな環境に自分を適応させるために、気持ちの切り替えが大事です。イニシエーションという視点から法然の生き方を見てみましょう。

◉法然のイニシエーション

法然にとって、まず最初のイニシエーションは出家です。法然は比叡《ひえい》山《ざん》で出家授戒《じゅかい》し、幼名である勢至丸《せいしまる》から法然房源空《ほうねんぼうげんくう》へと名前を変え、通過儀礼を経験しました。こうして法然は、世俗の生活から宗教生活へと進みます。さらに法然は遁世《とんせい》して、もう一段高いイニシエーションも経験しました。

そして第二の通過儀礼、それは法然の回心です。これは儀礼とは言えませんが、単なる出家者の段階に入る第一段階目から、さらなる高次の段階に至るための通過と言えるでしょう。それは、〈宗教指導者〉という段階です。法然は単なる比叡山の出家者という段階から、回心の経験により、天台宗《てんだいしゅう》の一出家者として死に、新たな宗派（浄土宗）の祖として再生することになるのです。

法然は既成のパラダイムを根底からシフトさせ、新たな知見、独創的な価値観を世に提示しました。こうして法然は二段階の死と再生とを経験することで、新たな世界における、宗教的指導者としての資格を獲得したのですが、本格的に宗教的指導者としての一歩を踏み出すには、もう一つ大きな経験をしなければなりませんでした。それが宗教体験です。

◉ヌミノース体験

これは宗教学者ルドルフ・オットーが創作した用語で、「日常とはまったく異質で、理屈や言語では言い表せない非合理的な情緒的体験」を意味します。ヌミノースは「ぞっとするような身震いをともなう〈畏怖〉」と同時に、「人の心をうっとりとさせる〈魅惑〉」を感じさせる両義性を持っており、これを体験した人は破壊的な人生を送ることもありますが、人生を肯定的にとらえたり、建設的に考えたりするきっかけにもなります。法然の場合は明らかに後者です。

法然は回心という精神的飛躍を経験した後、自分が到達した境地を他者に説くことを躊躇しました。そして逡巡していると、不思議な宗教体験をし、それがきっかけで専修念仏《せんじゅねんぶつ》の教えを弘通《ぐずう》することになったのでした。

ブッダの**成道**《じょうどう》や法然の回心は宗教家にとって特筆すべき一大事ではありますが、そこで終わっていれば、仏教も浄土宗もこの世には存在しなかったでしょう。自分が到達した境地を言語化し、それが他者の共感を得ることで、後世に伝承されることが可能になるので、我々にとっては、成道や回心の体験と同様に、その体験が〈語られた〉ことに大きな意義を見いださなければなりません。では、法然のヌミノース体験とは具体的に何だったのでしょうか。

【成道】
仏になるための行をすべて終えること。さとること。

◉二祖対面

善導《ぜんどう》の『観経疏《かんぎょうしょ》』の一節で回心した法然でしたが、それを人びとに説くにはまだためらいがありました。言語を介し、理屈としては念仏往生を理解できても、体験として情的に阿弥陀仏との関係を実感できずにいたからではないでしょうか。悶々と時を過ごしていると、ある夜、法然は夢の中で不思議な体験をします。

伝記の記述をそのまま引用すると長くなるので、要約して示しましょう。

一つの山があり、その峰は大きく、南北に長く連なり、西に向いていました。その山の麓《ふもと》には大きな川があり、浄き水が北から南へと流れています。山の中腹まで登って西方のかなたを眺めると、地上から一五メートルほどの上空に一群の紫雲《しうん》があり、その紫雲が法然にむかって飛来すると、中から無量の光が放たれました。

そして光の中から、孔雀《くじゃく》や鸚鵡《おうむ》などの、あらゆる宝の色をした鳥たちが飛び出して、四方に飛び散ったり、また川のほとりで遊び戯れたりしていいます。その鳥たちは体から光を放ち、照り輝いていましたが、やがて飛び立ち、もとの紫雲の中に入ってしまいました。

その紫雲はさらに北に向かい、山河を覆い隠してしまいます。その雲はまた瞬時に戻ってきて、法然の前で止まるではありませんか。紫雲は次第に拡がって空全体を覆うと、その中から僧が現れ、法然の前で止まったのでした。

その姿は、腰から下は金色、腰より上は墨染めでした。法然が合掌し、「あなたさまはどなたでいらっしゃいますか」と尋ねると、「私は善導である」と答えます。法然が驚いて「何のためにお越しになったのですか」と尋ねると、「あなたが専修念仏を広めるのが尊いので、やってきたのだ」と応答しました。その直後、法然は夢から覚めました。これを二祖対面《にそたいめん》と言います。

法然はその主著『選択集《せんちゃくしゅう》』において、善導のことを「阿弥陀仏の化身」、すなわち「阿弥陀仏が善導の姿をとって仮に現れた」と表現していますが、夢の中で法然の前に現れた善導の下半身の金色は、それが「阿弥陀仏」の化身であることを視覚的に象徴しています。

この経験により、法然は善導から「専修念仏の教えにお墨つきをもらった」と確信できたのでしょう。ここから、法然の宗教指導者としての新たな人生が始まったのでした。

◉自分自身を更新する

本来のイニシエーションによる死と再生は一生のうちで頻繁に起こるものではありませんが、小さな死と再生は毎日起こると言ってもいいでしょう。仏教が説くように、世の中は「無常」です。『方丈記《ほうじょうき》』に書かれるように、川の流れが一瞬たりとも元の場所に留まらないように、時間も絶えず過ぎ去っていきます。にもかかわらず、我々自身が過去の価値観に留まっていれば、どこかで不具合が生じるでしょう。ここでブッダの遺言を紹介します。

すべてのものは過ぎ去る。怠ることなく道を求めよ。

生物の体は新陳代謝します。毎秒ごとに古い細胞は死に、新しい細胞が誕生しています。我々はそれを実感できませんが、確実に起こっています。これと呼応するように、我々も日々の精進を怠ってはいけません。私は「脱皮」という言葉が好きです。蛇が古い皮を脱ぎ捨て、自分自身を更新するように、我々も日々脱皮して毎日新たな気持ちで生活したいものです。

第10話　脱マニュアルのススメ　大原談義

人が生活する上で臨機応変に対応することは大事です。世の中の出来事は人間の想像をはるかに超え、予想外のことが起こるからです。マニュアルは便利ですが、そのとおりには事が進まない昏迷の時代、状況に応じて態度を決める「臨機応変力」が今まで以上に求められると私は予測しています。

昏迷の時代と言えば、末法《まっぽう》という絶望的な時代の幕開けとなった平安末期も例外ではありませんでした。すでに見てきたように、日本では末法元年が一〇五二年と考えられていましたが、それと呼応するように天災や飢饉が頻発します。

ですから、当時の人びとは末法という時代をリアルに感じたことでしょう。そのような時代に従来の仏教はマニュアル通りに対応していたので、人びとの関心は得られませんでした。そこで新たな仏教をひっさげて登場したのが法然です。

◉大原談義

善導大師の仏教に導かれ、念仏だけで確実に往生できる念仏往生の道を明らかにした法然の仏教は、従来のマニュアル(常識)を大きく逸脱するものでした。そこで京都の大原に蟄居《ちっきょ》(住居などにこもり外出しないこと)していた天台僧《てんだいそう》の顕真《けんしん》は、世間の注目を浴びつつあった法然に要請し、既成仏教の碩学《せきがく》たちと意見を戦わせる場を設けました。場所は京都大原の勝林院《しょうりんいん》。これを〈大原問答《おおはらもんどう》(大原談義《おおはらだんぎ》)〉と言い、今風にいえば、念仏についての公開討論会といったところでしょうか。

当代きっての一流の学僧たち三〇名以上が列席し、一昼夜にわたって法然と白熱した議論を交わしました。法然五四歳のときです。四三歳で回心し、その後、一〇年あまりを経て自分の思想に磨きをかけていた法然にとって、これは自分の思想を試す、またとない絶好のチャンスとなったでしょう。

法然は、奈良時代に成立した南都六宗《なんとろくしゅう》に加えて、平安時代の天台宗《てんだいしゅう》や真言宗《しんごんしゅう》、さらに禅宗《ぜんしゅう》など、当時のありとあらゆる宗派について詳説した後、次のように述べました。以下、法然の教えが凝縮されているので、省略せずに伝記の記述を紹介します。

これらの宗派は、みな教えは深く利益もすぐれている。人間の能力と教えが一致するならば、悟りは、かかとも回せないほどのわずかな時間で得ることが出来る。ただしわたくし源空《げんくう》のような愚かな者たちは、まったくその教えに堪える器ではないので、悟ることは難しく、惑いやすい。そういうわけで、わたくし源空は発心《ほっしん》してより、聖道門《しょうどうもん》の諸宗について迷いの世界を離れる方法を広く尋ね求めたが、どれも

【聖道門と浄土門】
聖道門は、厳しい修行を積み自らの力でさとりを開こうとする教え。浄土門は、阿弥陀仏の極楽浄土に往生し、そこでさとりを開くことを目指す教えのこと。浄土宗では、ブッダの教えを人々の能力や時代が教えと合致するかを基準にこの二種類に分類する。

これも難しい。これはすなわち、末世となって人は愚かになり、能力と教えが背きあっているからである。けれども善導の解釈書や〈浄土《じょうど》三部経《さんぶきょう》〉の趣旨によると、阿弥陀仏の願力を強い縁とするので、知恵のあるなしを問題とせず、戒律を守るか破るかを選ばず、煩悩も生滅変化もない浄土に生まれて、永久に後戻りしない位に達するのは、ただ浄土の一門、念仏の一行だけである　（一四 - 二）。

この時点で法然が辿り着いた教えの要点が凝縮されている言葉ですね。この法然の思想はさらに磨きがかかり、選択本願念仏《せんちゃくほんがんねんぶつ》へと進化していきます。

◉八万四千の法門

その時の状況を、法然自身、「諸宗の教え（聖道門）と専修念仏《せんじゅねんぶつ》の教え（浄土門《じょうどもん》）は、教えの優劣の比較では互角だったが、その教えを実践

【浄土三部経】
法然がその教えの拠りどころの経典として定めた、『無量寿経』『観無量寿経』『阿弥陀経』の総称。

する人の能力に関する議論では、私の方が勝っていた」と振り返っています。法然にとって重要なのは単なる教えの優劣ではなく、「その時代にふさわしい教えかどうか」という点です。

そしてこの後、法然は「ただし、これは私なりの理解を述べたばかりである。すぐれた方の理解や修行を妨げようとするのではない」（一四-二）と、他者に対する配慮も忘れません。ここに法然の器の大きさが感じられます。私なら、どや顔で同席の者を見くだしていると思います。

仏教には「八万四千《はちまんしせん》の法門《ほうもん》（真理に至る道）」があると言われています。つまり、目指すべき頂上は一つでも、そこに至る道は数多くあるのです。その法門はすべてブッダの教えですから、他の教えをけなすことはブッダをけなすことになるので、法然はこう発言したのでしょう。

◉理想的な議論

さて、他者に配慮したこの言葉を聞くと、列席した碩学の学僧たちは皆、法然を信じて従ったのでした。彼らは顕真の勧めで、三昼夜、阿弥陀仏の周囲を声高に念仏しながら行道《ぎょうどう》すると、その声は山谷に満ちあふれ、その響きは林野を揺り動かしたと伝えられています。

私はここに理想的な議論の姿を見ます。日本人は言葉を超えたコミュニケーションが得意なので、あえて言葉に出して議論することを好みません。議論することに慣れていないので、いざ言葉を駆使して議論を始めると、喧嘩になり、人格を攻撃することも珍しくありませんね。

それに比べて、聖書は「まず言葉ありき」から始まるとおり、キリスト教圏の人びとは言葉を使った議論が大好きです。私は二十代の後半、アメリカのミシガン大学に留学した経験がありますが、アメリカの学生はとにかく議論が大好きです。授業でも仏典の解釈をめぐって丁々発止の議論をします。相手が教員でも果敢に議論をふっかけていきます。

喧嘩が始まるのでは、と思うくらいに激しくやり合うのですが、授業が終われば、当人たちは何事もなかったかのように談笑しているのを見て、「彼らは議論すること自体を楽しんでいるのだ！」と感心したことがありました。日本ならこれが人格攻撃になり、議論が終わっても険悪なムードになっていると思います。

本来、議論は相手に勝つために行うものではなく、真理を探究するために行うものです。ですから、その議論を通じて真理を明らかにすることができたなら、議論の「勝ち／負け」は大した意味を持ちません。その議論に参加した人すべてが利益を得ることになるのです。

この場に居合わせた法然も諸宗の碩学も、その目的は相手に勝つことではなく、彼らが真摯に追求した仏教の姿を明らかにすることだったのでしょう。だから、最後は皆で心を一つにして念仏したのではないでしょうか。私はこの一節を読むたび、いつも清々しい気持ちになります。

◉臨機応変力

物事の優劣を決めることも大事ですが、危機的な状況になって何を優先すべきかを判断するとき、優劣だけではない判断力、つまり臨機応変力が試されます。法然自身が述懐しているように、その時代および暮らす人の能力を見極めることは重要です。現場を無視した思想では役に立ちません。

仏教の開祖であるブッダも「応病与薬《おうびょうよやく》（病に応じて薬を与える）」ということを大事にしました。目の前で苦しんでいる人に対応するには、マニュアルだけでは充分ではありません。自分の目で状況を的確に判断し、決断して行動する、そのかわりその説明責任は最後まで自分が負うという法然の態度は、現代に生きる我々も大いに参考にすべきではないでしょうか。

第11話　悪とどう向き合うか　十二箇条問答

浄土教《じょうどきょう》では特に悪が問題になります。というのも、浄土教は悪を犯さなければ生きていけない最下層の人間を救済の対象とするからです。法然仏教の特徴は「平等性」にありますから、悪人が救済の対象から漏れることはありません。「一人残らず」が前提なのです。

では「悪いことをしても大丈夫だ」と開き直って、悪事を重ねることは正しいでしょうか。ここが浄土教の難しいところです。悪人も救うという阿弥陀仏の慈悲を強調すればするほど、このような誤解を生むことになります。まさに諸刃の剣ですね。法然の時代にも同じように考える人がいましたし、法然の弟子である親鸞《しんらん》もこの問題に頭を悩ませました。

では我々はこの問題にどう向かい合えばいいのでしょうか。悪の問題

【浄土教】
現世ではなく、浄土に往生し、そこで修行をしてさとりを目指す教えのこと。極楽浄土以外の浄土への往生を目指す教えも含む。

は法然の時代に限ったことではありません。世界の様々な局面で悪が露呈する今日、あらめて悪の問題を考えてみましょう。

◉仏教の善悪観

法然の悪に対する態度を確認する前に、まずは仏教が善悪をどう考えたかについてまとめておきましょう。これは「行為（業《ごう》）」とも深く関連しますが、まずは善から見ていきましょう。

善には二種類あります。出世間的な善と世間的な善です。出世間的な善とは出家者としての修行です。悪業をすべて滅さなければさとりは実現しませんが、これを可能にするのが出家者としての修行、つまり煩悩（漏）に基づかない行為（無漏業《むろごう》）なのです。

では世間的な善とは何でしょうか。これは、たとえば、出家者に**布施**《ふせ》するとか、他者に親切にするとかいった行為です。善い行為ではあるのですが、その背後に「人によく思われたい」などの煩悩があると、煩悩

【布施】
衣食などを施し与えること。仏道修行において勧められる六つの実践である六波羅蜜の一つ。

（漏）に基づく行為（有漏業《うろごう》）となってしまいます。

一方で、悪業とは何でしょうか。これはさとりの妨げになる行為すべてです。仏教は**六道輪廻**《ろくどうりんね》からの解脱《げだつ》を目指しますが、換言すれば我々をこの輪廻につなぎ止める行為とも言えるでしょう。具体的には、「殺す・盗む・嘘をつく・不倫をする」などがこれに当たります。

◉浄土教の登場

過去において行ってしまった行為は修正が効かないので、悪業を行えば苦しい結果が、善業を行えば楽しい結果が必ずやってきます。ですから、「過去から現在」という局面では仏教は運命論となってしまいますが、現在、どのような行為を行うかは人間の自由意志に任されているので、「現在から未来」という局面では運命論ではありません。自分で自分の人生を切り拓けるのです。

しかし、その悪業が積み重なり、累積してくると、過去の悪業が現在

【六道輪廻】
六道（地獄・餓鬼・畜生・修羅・人・天という六つの世界）を生まれかわり死にかわりし続けること。仏教の世界観のベースとなっており、六道を輪廻し続けることを苦しみととらえる。

のみならず未来へも影響を及ぼしはじめ、運命的色彩が濃くなっていきます。皆さん経験があると思いますが、どんなに意志を働かせて「こうしよう」と思ってもできないことがあるし、逆に「これだけは絶対にしてはいけない」と思っても、意志に反してやってしまうことがあります。これが積み重なった業のなせる業（ワザ）です。怖いですね。

このように、時代が下るにつれ、澱《おり》のように沈潜し堆積し累積した業に雁字搦《がんじがら》めになった我々を救済すべく、浄土教は誕生しました。自分の力ではいかんともしがたい業を清算してくれるのが阿弥陀仏の広大なる慈悲なのです。阿弥陀仏は無限にも近い時間をかけて、我々の悪業を帳消しにする修行を積み重ねられました。その救済力を信じるのが浄土教の基本と言えるでしょう。

◉十二箇条問答を手がかりに

前置きが長くなりましたね。では法然の時代に話を戻しましょう。このような阿弥陀仏の慈悲を強調すると、それに甘える人びとが出てきました。それを紹介しましょう。「十二箇条問答《じゅうにかじょうもんどう》」という資料があります。十二箇条におよぶ質問に法然が答えたものです。その中に「仏の本願は悪人を見捨てられないから、進んで悪を作るのは問題ありませんか」という質問に対し、法然は次のように返答しました。

悪を止めようとしても止められない人のために、念仏をとなえて悪の報いを消し去るよう、御仏《み》はお勧めになっています。その我が身を棚に上げ、御仏に罪の後始末を押しつけるのはとんでもない思い違いです。（中略）我々を救い摂るという御仏のお考えに、至らぬ我が身をまずまず恥じ入り、悲しむべきです。

「悪を犯すまいとしても犯さざるをえない」と「悪を犯してもかまわないのだ」は、結果は同じかもしれませんが、心の持ち方はまったく異なります。前者には「心の痛み」を伴う謙虚さがあり、これがあれば、仏の慈悲を有り難く受け入れられるし、またいつかは更生する可能性もあります。

一方、後者は単なる開き直りの態度であり、仏の慈悲を自分勝手に利用しようとする功利的な心が露呈しています。薬があるからといって、わざと毒を服用することは正しいでしょうか。薬を持っているからといって、故意に病気になることは適切でしょうか。

我々は基本的に全員が悪人です。今、悪を犯していなくても、機が熟せば将来、どんな悪事をも犯してしまう可能性を秘めています。重大な犯罪でなくても、人からよく見られたいと去勢を張ったり、内なる悪を隠して外面を取り繕ったりすることもあるでしょう。初期の仏典には「自分の善を隠し、悪を顕わにして生活せよ」というブッダの言葉もあります。名言だと思いますが、それは至難の業。

◉悪との向き合い方

では、我々凡夫《ぼんぶ》は悪とどのように向かい合えばいいのでしょうか。まず前提となるのは、法然が「一師小消息《いっしこしょうそく》」でも述べているように、「十悪五逆《じゅうあくごぎゃく》の者も極楽に生まれると信じて、小罪をも犯すまいと思うべきである」という態度です。これを否定してはいけません。これが大前提です。

しかしそれでも、悪を犯してしまうのが我々凡夫。その時は、その悪なる自分を誤魔化さず、しっかりと自覚し、我が身を恥じ入ること、つまり自らを「愚者」と自覚することが大事です。そしてこの「愚者の自覚」こそが、次の念仏の動機づけとなります。

大学生の頃、友人と「知っていて悪事を働くのと、知らずに悪事を働くのとどっちが悪いか」について議論したことがあります。結論は「知らずに悪事を働く」に落ち着きました。なぜなら、それを「悪事」と知っていれば更生のチャンスはありますが、知らなければ永遠に更生のチャ

【一紙小消息】
念仏往生の教えはいかなる人にも当てはまる確実な教えであるため、そのことに感謝しつつ念仏行を続けるべきことを述べた法語。

【十悪五逆】
十悪とは、殺生（生物の命を断つ）、偸盗（財物を盗み取る）などからなる10種類の悪のことで、五逆とは殺母（母を殺す）、殺父（父を殺す）、殺阿羅漢（聖者を殺す）などからなる仏教において重罪とされる五種の行為のこと。

ンスは失われます。やはり自覚は大事なのです。自覚があれば反省できます。反省できれば更生もできます。

我々が進んで悪を犯すことを御仏が喜ばれるはずがありません。御仏を悲しませることのないよう、日々の生活を常に自省して生活したいものです。それでもやむをえず悪を犯してしまったら、その時は謙虚に反省し、愚者の自覚を以て念仏することを心がけましょう。

第12話　謙虚さの重要性 元久の法難

最近はインターネットが発達し、ＳＮＳなどを通じて様々な人が自分の意見を発信できるようになりました。それはそれでいいのですが、匿名をいいことに心ない投稿をする人も後を絶ちません。炎上することもあるし、最悪の場合は人を自死に追いやることもあります。我々はこれにどう対処すべきでしょうか。今回はこの問題解決の糸口を、法難《ほうなん》（迫害や弾圧）に対する法然の対応に求めてみましょう。

法然は末法《まっぽう》の世にも通用する仏教として、専修念仏《せんじゅねんぶつ》の教えを先頭に立ってとなえました。阿弥陀仏の本願にかなった念仏を専ら修すれば、誰でも極楽往生が可能だと説いたのです。このような斬新で画期的な教えは、それ以前の仏教ではまったく説かれたことがなかったので、庶民は歓喜しました。

その一方で、面白くないのは伝統仏教の僧侶たちです。法然に人気をさらわれたのですから。これにより、伝統仏教側からの激しいバッシング（法難）が始まります。この法難は発生した年号から「元久《げんきゅう》の法難」と呼ばれますが、これに対し、法然は内外の両面にわたって素早く対応しました。

◉元久の法難の背景

まず、元久の法難の背景を伝記の記述で確認してみましょう。

法然上人が勧め導かれた教えは、天下の人たちの間に広がり、国の果てまで行き渡るようになった。ところが、その弟子たちの中に、専修の名を利用し、阿弥陀仏の本願にかこつけて、気まま放題に振る舞う者も多かった。そこで南都《なんと》北嶺《ほくれい》の僧徒《そうと》学生《がくしょう》たちが、念仏興業を非難

し、上人の化導を妨げようと企てた。　（三一 - 一）

伝統仏教のやっかみに加え、身内の傍若無人な振る舞いが、この法難の背景にあったようです。こうして一二〇四年の冬、比叡山《ひえいざん》の大講堂前に僧徒が集まって相談し、専修念仏を差し止めるべきであると、天台《てんだい》宗《しゅう》のトップといえる天台座主《てんだいざす》・真性《しんしょう》に訴えました。

◉七箇条制誡

これを聞いた法然は対外的には僧徒の怒りの心を鎮め、対内的には弟子たちの間違った考えを戒めるために、七箇条制誡《しちかじょうせいかい》（七箇条起請文《しちかじょうきしょうもん》）を作成して弟子たちに連署させると、それを真性に差し出し、弟子たちの行動を規制しました。七箇条すべてを取り上げることはできませんので、ここでは最初の三つに注目してみましょう。以下、伝記からの引用です。

一、いまだ一句の言葉やその意味も知らないで、真言《しんごん》や止観《しかん》を論破してみたり、阿弥陀仏以外の仏や菩薩を非難することはやめるべきこと。

一、無智の身でありながら、有智の人に対して論議し、念仏以外の学問や修行に努めている人たちと会って、好んで争い論じることをやめるべきこと。

一、念仏以外の学問や修業をしている人に対して、愚かにして偏屈な心で、相手が信じている修行を捨てよと申して、むやみに嫌ったり、あざ笑ったりすることをやめるべきこと。　（三一 - 一）

法然の教えを後ろ盾にして、息巻いている弟子たちの姿が目に浮かぶようです。しかし、法然の態度はこれとは正反対に「謙虚」そのものでした。自分の確立した専修念仏の教えには自信を持ちつつも、決してそれ以外の教えを否定しないその態度には「凄み」すら感じます。逆に言

【真言や止観】
天台宗や比叡山で行われた修行。当時の日本仏教の主流であった。

えば、自分の教えに自信があるからこそ、それ以外の教えを冷静に受け止めることができたのではないでしょうか。

第10話で見たように、仏教には八万四千《はちまんしせん》の法門《ほうもん》（真理に至る道）があります。目指すべき目標（さとり）は同じでも、到達する方法はさまざまです。法然は末法という危機的時代にふさわしい教えとして専修念仏の教えを唱導《しょうどう》されましたが、それ以外の道も決して否定はされませんでした。ここに法然の「懐の深さ」、あるいは「器の大きさ」を見ることができます。

◉他者の立場に立つ

人間には煩悩があり、自分中心に物事を考える癖がついています。他者の立場に立って客観的に自分を理解することは難しいのですが、人間にはミラーニューロンという神経細胞があるとされます。これは、その名のとおり、相手の言動を鏡のように映し出す神経細胞で、これがあることにより人間は他者に共感できるとも言われています。

他者の立場に立つことの重要性を示す一例を、インド仏典から紹介しましょう。日本でもお馴染みの鬼子母神にまつわる説話です。

昔々、インドの町に夜叉（鬼神の一種）の女・鬼子母神がおり、五〇〇人の子どもを産みました。彼女は凶暴かつ残忍であったため、町に生まれてくる子どもをつぎからつぎへと強奪しては貪り食うのでした。

困った住民たちはブッダに事態の収拾を依頼します。依頼を受けたブッダは、彼女のもとに**托鉢**《たくはつ》に出かけ、彼女の留守中に、彼女が一番可愛がっていた末娘に鉢をかぶせて見えなくしてしまいました。戻ってきた彼女は最愛の娘がいないのに気づくと、半狂乱で泣き叫びながら、娘を捜しに町中をさまよいます。

八方手をつくしても愛娘を見つけることができなかった彼女はわが家に戻ると、「娘に会わせてください」とブッダに懇願します。ブッダに「お

【托鉢】
僧侶が鉢を持ちながら町や村を歩き、人びとに食物を乞うこと。

前には何人子どもがいるのだ」と聞かれ、「五〇〇人です」と答えると、ブッダは「そんなにいるのなら、一人くらいいなくても苦しむことはなかろうに」と答えます。ブッダはなかなか意地悪ですね。

しかし、彼女は末娘を一番可愛がっていたので、「会えなければ死んでしまいます」と言うと、ブッダはこう答えました。「五〇〇人の子のうち一人の姿が見えないというだけで、お前はそれほど苦しんでいる。一人の子しかいない両親にとって、その子がお前に食われた苦しみはいかほどであろうか」と。

この言葉で自分の過ちに目覚めた彼女は悔い改め、無事に娘と再会を果たし、以後、安産や幼児を保護する神に生まれ変わったのです。ブッダの巧みな方便で、彼女は我が子を失う両親に自分の身を置き換えることができ、他者の〈心の痛み〉を知ることで、優しく接することができるようになりました。

もう一つ、日本の喜劇から同様の例を紹介します。私は小学生のころから喜劇が大好きで、喜劇役者の藤山寛美《かんび》（先代）の大ファンでしたが、あるとき「嫁と姑」をテーマにした喜劇をテレビで見ました。

寛美は姑役を演じ、自分の息子の嫁には辛く当たるのですが、それと同じことを自分の娘の嫁ぎ先の姑がすると、腹を立て、嫁ぎ先の姑に文句を言うのです。徐々に寛美は自分の行為の矛盾に気づき、最後には息子の嫁と仲良くなるという話でした。これも他者の立場に立つことの重要性を伝える好例でしょう。

◉謙虚さ

自分の考えを押しつけ、他者の考えを否定することは簡単ですが、それは弱い人間のすること。逆にその弱さから目を逸らさず、弱い自分と向かい合って謙虚さを取り戻したとき、他者の立場に立って物事を考えることができるようになります。それができれば、自分とは異なる考えを持つ人のこともおもんぱかって尊重することができるでしょう。

多様な意見がインターネットを通じて飛び交う現代社会では、法然のように謙虚さを忘れず、相手の立場に立って発言することがますます重要になってきます。我々もＳＮＳなどで意見を発信する場合、ここで確認した法然の態度を見習いましょう。

第13話 プラス思考で苦しみを軽減 建永の法難

望んでいないことや嫌なことが身に降りかかったら、皆さんはどう感じますか。たいていの人は、それを避けようとするのでしょう。私もその一人です。人生は晴れの日ばかりではありません。曇りの日もあれば、雨の日もあります。土砂降りの日だってあるでしょう。曇りや雨の日を「嫌な日だなあ」と思ってしまったら、人生の半分は「嫌な時間」で埋め尽くされてしまいます。

曇りや雨の日でも「すばらしい日だ！」と思えたら、人生すべてがすばらしい時間で満たされます。この方がいいですよね。でも、どうすればそんな人生が送れるでしょうか。ここでも、法然の生き方がヒントになります。建永《けんえい》の法難《ほうなん》を取り上げ、四国に流罪になったときの法然の態度を取り上げます。

◉建永の法難

元久《げんきゅう》年間（一二〇五）には南都北嶺《なんとほくれい》（興福寺《こうふくじ》や延暦寺《えんりゃくじ》）の僧侶は天《てん》台座主《だいざす》や朝廷に法然の専修念仏《せんじゅねんぶつ》の停止を求めました。これが元久の法難です。これに対し、法然は座主に起請文《きしょうもん》（嘘偽りがないことを神仏に宣誓する文書）を送り、自分の真摯な考えを披瀝するとともに、門弟らには七箇条にわたる制誡《せいかい》（いましめ）の文章を示し、それに弟子たちは署判を添え、弟子たちの行きすぎた行動を抑制したことは第12話ですでに見ました。

また元久年間から建永二年（一二〇七）にかけ、法然が流罪になるまでの法難を建永の法難といいます。興福寺は『興福寺奏状《こうふくじそうじょう》』を作成し、九箇条にわたって法然の教えの過失を指摘しました。専修念仏が自分たちの教えに偏執し、他宗を軽んじている点を非難したのです。

その第一箇条が「新たな宗派を立てた過失」です。奈良・平安以来の八宗は**伝灯相承**《でんとうそうじょう》を備え、勅許を得ているのに、法然はそのいずれもないまま勝手に浄土宗を名のっていることが非難の対象となりました。序章第2話で見たとおりです。このように、いろいろと難癖をつけて法然の仏教を批判したのでした。

最終的には後鳥羽上皇の留守中、宮中の女官が念仏集会に出席し、そのまま出家したことが上皇の逆鱗に触れ、それに関わった弟子の安楽《あんらく》と住蓮《じゅうれん》が死罪となり、法然も四国への流罪を言い渡されました。

◉四国流罪

さて、流罪を言い渡された法然は落ち込んだり、自分の人生を恨んだでしょうか。なんと法然は、その処罰を恨むどころか、四国への流罪を喜んだのです。なぜでしょう。それは、四国に流罪になることで、遠方の人びとに専修念仏の教えを説くことができると考えたからです。何と

【伝灯相承】 仏の教えを灯火にたとえ、火が絶えないように師匠から弟子へと正統な教えを脈々と伝えていくこと。

いうプラス思考！

また流罪に当たって、弟子の一人が法然の身を案じ、「しばらくはお念仏の教えを説くことをお止めください」と進言しましたが、法然は「たとえ死刑になるとも、このこと（専修念仏の教え）を説かずにはおれないのだ」と自らの信念を曲げませんでした。

自ら獲得した宗教的境地に対する自信と、それを他者に伝えようとする断固たる信念、これがあったからこそ、法然は流罪さえも喜び、新天地での布教を使命としたのでしょう。

仏教は「空」を説きます。空とは「空っぽ」の意であり、物事には永遠不変の実体はないと説きます。どんなことも考え方次第で苦にもなれば楽にもなります。一つ例を出しましょう。ワインボトルにワインが半分入っているとします。皆さんはこれをどう表現しますか。「ワインが半分しかない」でしょうか、あるいは「ワインが半分もある」でしょうか。

ここが分かれ目です。同じ物事でも、否定的に捉えるか肯定的に捉えるかで、見え方や感じ方は変わってきます。すべては空なので、固定的な見方をする必要はありません。柔軟に発想し、自分の身に降りかかることを自分にとって「意味あるもの」と受け取ることが大事なのです。

◉反転の思想

ではここで、空の思想を応用した「反転の思想」について解説しましょう。これが理解できれば、法然の態度に一歩近づけます。まずは落語から紹介しましょう。

「一つ目小僧」という落語があります。ある男が山の中を歩いていると、一つ目小僧を見つけます。男は一つ目小僧を捕まえ、見世物小屋でひと儲けしようと企み、一つ目小僧を追いかけて山の深みに入っていきます。一つ目小僧も捕まっては大変ですから、急いで逃げていきます。どんどん追いかけているうちに、その男は一つ目の国に入ってしまったのでした。

一つ目たちがその男を見つけると、こう言いました。「おい、あそこに二つ目の男がいるぞ！　あいつを捕まえて見世物小屋でひと儲けしよう」と。これが「落ち」になるのですが、どうでしょう。

二つ目の世界において「一つ目」は異常ですが、逆に一つ目の世界においては「二つ目」が異常になります。このように「正常／異常」も簡単に反転してしまうのであり、絶対的な「正常／異常」の観念はありません。まさに「空」です。

「一つ目小僧」は架空の話だったので、次は現実世界の事例を一つ紹介します。私の知り合いで国際結婚した夫婦がいます。アメリカ人の男性と日本人の女性です。彼らには二人の息子がいましたが、小学生のとき、次男が小学校で「お前はハーフや」と虐められ、学校に行けなくなってしまいました。「ハーフ」は「半分」の意味ですから、言われた方は嬉しくありません。

そこで彼らは家族会議を開き、対応策を協議しました。話をしていると、彼らはあることに気づきました。「お前はハーフなんかじゃない。ダブルだよ！」と。どうですか。子どもは父と母から「ハーフ（半分）」ずつ受け継いだのではなく、一つずつを受け継いだ「ダブル（二倍）」だと解釈したのです。これに気づいた次男は学校に行けるようになったのでした。「ハーフ」が「ダブル」に反転した瞬間です。

人間はちょっとしたことでつまずいたり、元気が出たりする不思議な生き物です。このように柔軟な発想で少し見方を変えることで、行動にこれほどの差がでるのです。

◉今の行動が未来を変える

四国流罪も「なぜ無実の私が！」と否定的に見るか、「これをチャンスに四国で布教しよう」と肯定的に考えるか。問題は「どちらの見方が正しいか」ではなく、「どちらが自分にとってプラスになるか／どちらが自分を成長させるか」です。

過去は変えられません。流罪を恨んでも、その過去の事実は覆らないのです。とすれば、それを現時点で有意にとらえ、未来に向かって役立てていくのが生産的ではないでしょうか。

仏教が説く業《ごう》（行為）の因果論に従えば、過去の業は変えられないので、その果報は現世で甘受しなければなりません。しかし、自分の未来は現在の業で変えることができます。だとすれば、現状がいかに苦しくても、それに不平不満を言わず、未来に向けて現状を有意に解釈すれば、未来は確実に変わるのではないでしょうか。

法然は空の思想を実践した人だったと思います。いつの時代でも生きることは苦しいものです。しかしそんなとき、少し立ち止まって苦しい状況を客観的に捉え直してみてはどうでしょう。その上で「今をどう生きるか」を考えれば、その苦の先に希望の光がきっと見えてくるはずです。

第14話 満足して死にきるために 臨終

我々は特定の目的を持ってこの世に誕生したわけではありません。気がついたら、この世に生まれ、人生を歩むことを余儀なくされていたのです。ですから、何かの理由で人生につまずいた瞬間、「私の人生とはいったい何なのか／私が生きる意味はあるのか」などという哲学的な問いを発することになるのです。

それはともかく、我々の人生はもうすでに始まっているのですから、後は死ぬまで生きなければなりません。そして、臨終の瞬間、「私はこの世に生まれてきて幸せだった／いろいろあったけど、よい人生だった」と思って死にたいものですが、そうするためには何が必要でしょうか。法然の生涯に関する第1章を閉じるにあたり、充実した人生を送るヒントをその生き方に学んでみましょう。

◉波瀾万丈の人生

幼少期、法然は明石定明《あかしさだあきら》の夜襲で父を喪《うしな》い、幼くして母とも別れて比叡山《ひえいざん》に登ると、厳しい修行の生活に入ります。しかし、そこは俗世間以上に俗化していたので黒谷《くろだに》に遁世《とんせい》し、二五年の引き籠もり生活が始まりました。

回心した後も、度重なる法難《ほうなん》に遭い、四国流罪もあって、心安まる時間など一瞬たりともなかったように思いますが、伝記を読む限り、自分の人生に対する怨嗟の声は微塵も聞こえてきません。それどころか、念仏することの喜びであふれています。小さなことでくよくよし、日々、不平不満を漏らしている自分が実に恥ずかしくなります。

そして建暦《けんりゃく》二年（一二一二）年正月二三日、法然は自分が築き上げた教えのエッセンスを「一枚起請文《いちまいきしょうもん》」として遺すと、二日後の二五日、八〇年の生涯を閉じました。波瀾万丈の生涯でしたが、法然は見事に「死にきった」と私は思います（後述）。

◉一枚起請文

では、法然が八〇年という生涯をかけて築いた、浄土宗の教えのエッセンスとも言える「一枚起請文」について見ていきましょう。「浄土宗の**安心起行**《あんじんきぎょう》、この一紙に至極せり」とあるので、まさに神髄の中の神髄です。「一枚」という名のとおり短い文章で綴られているのですが、それをさらに圧縮すると、最後の「ただ一向に念仏すべし」になります。

生涯独身で持戒《じかい》の生活を貫き（戒）、精神を集中して三昧発得《さんまいほっとく》という宗教体験もし（定《じょう》）、また智慧《ちえ》第一の法然房（慧）と言われた法然は、「三学非器《さんがくひき》」と自己を評しましたが、我々から見れば三学（戒・定・慧）を完備した完璧な仏教者です。その法然が最後の最後に辿り着いた境地が、「ただ一向に念仏すべし」の一〇文字だったのです。

【安心起行】
安心とは、極楽浄土へ往生しようとする人の心の持ちよう。起行とは、浄土へ往生するための修行のこと。

たったの一〇文字ですが、そこには法然の人生八〇年が込められており、その背後には言葉にはできない血と涙と汗があったはずですから、私はこの一〇文字に戦慄さえ覚えます。法然が最後に辿り着いた一〇文字はまさに氷山の一角であり、その裾野には八〇年の法然の生涯が横たわっているのです。

◉死に照らされて光る生

見事に死にきった法然。ここであらためて「死」について考えてみましょう。生まれてきた以上、死は避けられませんが、生に執着する人間にとって死は実に厭わしいものです。できれば避けて通りたいのですが、死を避けて生きるとどうなるでしょうか。おそらく人生は味気のないものになるでしょう。なぜか。桜を手がかりに考えてみます。

なぜ桜は美しいと感じるのでしょうか。それは散るからです。散ってしまうと、その桜は二度と見ることができません。だから人びとは、この瞬間に絶対の輝きを放つ桜の花を見逃すまいと花見に行くのです。桜が年中咲いている姿を想像してください。誰が今を競って見に行くでしょうか。生花と造花の違いはここにあります。

これでお分かりですね。人間は死ぬから、今という瞬間がまさに今しかなく、死が今しかない生を照らし出すのです。死が生を照らし出すという逆説。黒澤明監督の『生きる』は見事にそれを描いていました。

この作品の主人公は役人として、文字どおり判で押したような平々凡々な人生を送っていたのですが、自分が胃がんで余命幾ばくもないことを知ると、懸命になって生き始めます。そして住民の念願だった公園作りに尽力し、最後はその公園のブランコに乗って安らかに死んでいきました。

食道癌で亡くなった詩人の高見順は自分の死を受容し、次のような詩を残しました。

電車の窓の外は　光に満ち　喜びにみち　いきいきといきづいている
この世ともうお別れかと思うと　見なれた景色が　急に新鮮に見えてきた

死を受容できたがために、彼は見なれた景色の一瞬一瞬に永遠の〈輝き〉を感じ、それが「新鮮」という言葉で表現されたのではないでしょうか。生花を美しいと感じる、あの感覚です。生と死は別々の二つの事象ではなく、二つで一つの事象なのです。ここがポイントです。

◉死んでも死にきれない

「死んでも死にきれない」という表現があります。辞書的には「この世に心残りがあり、このまま死ねば無念さが残るので、遺恨を晴らすまでは死ねない」といった意味になりますが、私は違った解釈をします。どう解釈するかというと、「死ぬことはできても、死にきることはできない」、さらに敷衍《ふえん》すれば「死ぬことは簡単にできるが、死にきることは簡単にできない」となります。どういう意味かを解説していきましょう。

人間は生物ですから、生まれてきたら必ず死にます。いつかは自然に必ず死ぬように設計されていますので、死ぬことに何の努力も要りません。これが前半の「死ぬことはできても」の意味です。さて、問題は後半です。

なぜ「死にきることは簡単にできない」のでしょうか。「死ぬ」と「死にきる」は、どう違うのでしょうか。まず「〜きる」に注目しましょう。「きる」がつけば「完全に〜する」の意味になります。たとえば、「食べきる」は最後にご飯粒一つ残さず完食することを意味しますね。ですから、「死にきる」は「完全に死ぬ」ことを意味します。では「完全に死ぬ」には、どうすればいいでしょうか。

さきほど「死に照らされて光る生」で見たように、生と死は別々に存在しているのではなく、二つで一つの事象でした。とするならば、「死にきる」ためには「生ききる」ことが絶対的に必要であると理解できます。生ききった人だけが死にきれるのです。生ききった人に「あと三年寿命を延ばそうか」と提案しても、「いや、もう結構です。これまで充分に生ききりましたから」という答えが返ってくるでしょう。

◉生ききり死にきった法然

第一章では、法然の生涯を紹介してきました。その生涯のどこを切り取っても、法然は今という瞬間を完全燃焼させて生ききっていたことが分かったと思います。その生ききった一秒一秒の積み重ねが、人生全体を充実させるのです。今という瞬間に手を抜いて、人生が充実するはずがありません。

私たちも残された人生を生ききりましょう。今からでも遅くはありません。そして、臨終の場面では「これでは、死んでも死にきれない！」

とジタバタせぬよう、「生ききった!」と実感して死にきりたいものです。

第二章

法然の思想に学ぶ

第1話

本を読もう 我、聖教を見ざる日なし

最近では、活字離れが加速していると聞きます。それと呼応するかのように、書店の数は減少しているように感じます。それを後押ししているのが、インターネットの普及ではないでしょうか。ＳＮＳなどを通じて行われるコミュニケーションが主流ですが、その文字数は極めて限定的です。ＬＩＮＥのやりとりなどは、ほんの一行、いや単語一つの場合もあるでしょう。もっと極端な場合は、絵文字などですませることもあり、文字自体が消失しています。

また書籍もデジタル化され、現物の紙の本を読む機会も減ってきていますが、私は古い人間なので、コンピュータ画面のデジタル文字は頭に入ってきません。よって、重要なメールは必ず印刷して読むようにしています。このまま時代が進めば、人間はどうなるのか、少し恐い感じもしますが、ここでは法然を手がかりに、読書の重要性について考えてみましょう。

◉読書家だった法然

「智慧《ちえ》第一の法然房」と言われたくらいですから、法然が読書をしていなかったはずがありません。かなりの書物を読んだはずです。書物といっても仏典が中心ですが、ここでは法然の読書にまつわるエピソードを紹介していきましょう。まず私が伝記を読んでいて印象的だったのは、次の一節です。

私は聖教《しょうぎょう》を読まない日はなかった。木曽の冠者《かじゃ》といわれた源《みなもとの》義仲《よしなか》が、京都に攻め入った時、その日一日だけ聖教を読まなかった。（五 - 六）

「聖教」とは仏典のことです。源頼朝の従兄弟である義仲が都に攻め込み、板東の荒武者として都の平穏を切り裂きましたが、この時ばかりは法然も落ち着いて仏典を読めなかったようです。後に法然は六万遍の念仏を日課としたので、読書はできなかった、というかしなかったでしょうが、ある時期までは毎日読書をしていました。「たった一日だけ読書をしない日があった」なんて言ってみたいものです。

ともかく、この言葉から、いかに法然が仏典を読み込んでいたかが分かります。この経験が世間に「智慧第一の法然房」と言わしめ、また浄土宗の開宗にも一役買ったのです。

◉一切経を五回読破

次に回心前の読書に注目しましょう。法然が四三歳のとき、善導の『観経疏《かんぎょうしょ》』の一説を読んで回心したことはすでに説明しましたが、そこに至るまでに法然は一切経《いっさいきょう》という膨大な文典群を、一回のみならず五回も読破していたのです。伝記を紹介しましょう。

上人はなお迷いの世界から離れる方法に思い悩み、身も心も落ち着かず、この次に生まれ変わる時に、迷いの世界から離れるための大切な方法を見出すため、一切経を五回も読まれた。（六‐一）

凄まじい読書量です。私は研究する立場に身を置く者ですが、恥ずかしながらまだ一回も一切経を読破したことはありません。三〇年以上研究を続けてきましたが、これまでに読んだ仏典の量たるや、法然と比べると、太陽光と蛍の光ほどの差があります。

そしてこの後、法然は『往生要集《おうじょうようしゅう》』に導かれて善導の『観経疏』を読みます。一切経を読むたび、何度も見ていた一節でしたが、特に注意して読むこと三度に及び、ついに「一心専念弥陀名号《いっしんせんねんみだみょうごう》～」（序章第1話）の一節に至って、念仏往生の確信を得たのでした。

ここで私がおもしろいと思うのは、この一節を以前から何度も見ていたことです。五回も読んでいながら、それまでは気づかず、この時に至ってようやくその真意に気づいたのです。

法然とはレベルは違いますが、私も同様の経験があります。同じ本を何度か読んでいて、あるとき突然、その一節の重要性に気づくことがありました。「読書百遍義自ずから見る／読書百遍意自ずから通ず」の言葉どおり、何度も読んでいると、書物の方から意味が立ち現れてくることがあります。その意味で、法然がこの『観経疏』の真意を会得するには、一切経を五回読破するというプロセスが必要だったのでしょう。無駄なように見えても、無駄なことなど何もないのです。

余談になりますが、これだけの書物を読んだわけですから、法然は目次（章立て）を見ただけで、その書の大まかな内容が理解できたとさえ言っています。凄いですね。

◉鬼気迫る読書

最後に、法然の鬼気迫る読書を紹介しましょう。伝記の記述は以下のとおりです。

法然上人が三昧《さんまい》の境地を得られてからは、暗い夜に灯火がなくても、眼から光を放って聖教をお読みになり、部屋の内外をご覧になることが出来た。法蓮坊信空《ほうれんぼうしんくう》も目の前でこの様子を拝見し、隆寛《りゅうかん》律師もことのほかこのことを信じ崇められた。　（八‐一）

伝記ですから、多少の脚色があるとは言え、鬼気迫る様子が伝わってくるようです。我々が娯楽で小説を読むのとは訳が違います。「真理を探究したい／真実を明らかにしたい」という熱情に駆られて書物に対峙するのですから、実際に物理的な光は発していなくても、その眼からは

【信空】
一一四六－一二二八。一二歳で出家して法然と同じく叡空に入門する。法然の弟弟子にあたり、叡空の死後、法然門下に入る。法然の最初の弟子とされ、法然に常に付き随った、法門弟の中で最も有力な人物。

【隆寛】
一一四八－一二二七。法然死後の浄土宗における有力者。臨終の時まで念仏を続け、往生を確定させるという門流（多念義）を法然死後に確立した。

光を放っているように見えたのでしょう。まさに「眼光」という言葉どおりです。

◉読書のメリット

では最後に、私が考える読書のメリットについて、私見を示します。一口に書物と言っても、さまざまな種類がありますが、まず研究書の類いを取り上げます。研究書は研究者が長年研究してきたことを、一冊の本にまとめたものです。その本の量にもよりますが、一週間もあれば読めます。自分で一から調べれば何年もかかる知識が、一週間で得られるのです。

研究書以外も同様です。こんな楽なことはありませんね。こうして何冊も本を読み重ねていくと、短時間で膨大な知識が吸収できるのです。これがドキュメンタリー、あるいはノンフィクションに関する読書のメリットです。

では次にフィクション（物語・小説など）の本について考えてみます。読書のメリットは、現実世界にいながら、現実と違う世界で登場人物の疑似体験ができることです。ミラーニューロンについては第一章第12話でも取り上げましたが、これは読書のときにも働きます。つまり「～が右手を挙げた」と書かれている活字を読んだだけで、読み手が右手を挙げる際に発火する神経細胞が活性化するそうです。

つまり、物語や小説を読むことは、その世界に入り込み、登場人物の疑似体験をすることなのです。ですから感動的な物語や小説を読めば、それは読み手に何らかの善い影響を与えます。ここにフィクション（物語・小説など）の本を読むメリットがあると言えるでしょう。

第一章で見たとおり、法然は行動力のある人でもありましたが、ここで確認したように、しっかりと腰を落ち着けて書物とも対峙しました。この二つが相まって、法然という偉大な人格を形成しているのではないでしょうか。本を読まずに闇雲に行動することも、本ばかり読んでまったく行動しないことも、極端です。法然のように、両者のバランスをうまく取って生活したいものですね。

第2話 独創性が大事

学問は初めて見立つるが大事なり

日本人には個性がないと言われます。学校教育でも「個性を尊重し、個性を伸ばす教育を」と声高に叫ばれながら、一方で児童・生徒に一律に制服を着せ、集団性を重んじて和からはみ出ることを戒めます。「出る杭は打たれる」の言葉どおり、個性を発揮しようとしてもできていないのが現状ではないでしょうか。

意見を求められても黙りこくり、大勢の前で発言することも日本人は苦手なようです。若い世代では少し変化も見られるようですが、日本社会全体で言えば、まだまだでしょう。国境が実質的になくなりつつあるボーダレスでグローバルな時代、国際社会に向けて日本人も世界に積極的に発信することが求められています。

しかし発信すると言っても、そこには独創性（オリジナリティ）がなければなりません。他者と同じことを言っても相手にされないのです。一方、独創性があっても、多くの人を納得させる普遍性がなければ意味がありません。これからの社会に向けて、我々が目指すべき姿を法然に求めてみましょう。

◉学問で大事なこと

まずは、学問に対する法然の基本的な態度を確認することから始めましょう。法然はこう述べています。伝記から紹介しましょう。

学問は、自分が新たに見定めることが非常に大事である。師匠の説を受け継いで習得するのはやさしい。

（五‐一）

非常に短い表現ですが、ここには学問をする上でのポイントが端的に示されています。要は、学問には〝独創性〟が重要であるということ。私も研究者の道を歩み始めた頃、この表現に出会い、座右の銘としました。

これと対照的な例を一つあげましょう。研究者として駆け出しの頃、ある学会に参加しました。一人の年上の先生が発表され、それが終わると質疑応答の時間になりました。すると、東京大学で教授を務める先生が、次のように言われました。「今回、あなたが発表されたことは、三年前、すでに私が論文で公表しています」と。

こんなことを言われたら、本来ならばかなり落ち込まなければなりません。しかし、その先生は発表後、「私は東大の先生と同じ結論を得た」と得意満面でした。研究者失格です。すでに明らかになっていることを発表する意味はありません。

シビアなのは自然科学の世界。大発見をしても、他の研究者が同じ発見を一日でも早く論文に発表すれば、それだけで研究の価値を失うのです。これほどまでに、研究には独創性が大事なのです。

◉法然の独創性

序章第2話で説明したように、法然には数々の「日本初」がありましたが、思想的には、善導の「本願念仏」から「選択本願念仏《せんちゃくほんがんねんぶつ》」の教えを創出したこと、鎌倉時代に「オールインワンの仏教」を創造したことです。後の鎌倉新仏教の祖師たちは、この法然の仏教に倣って、それぞれ独自の「オールインワンの仏教」を確立したのでしたね。ここに法然の独自性があります。

「選択本願念仏」について、もう少し説明を加えましょう。法然の主著は『選択本願念仏集《せんちゃくほんがんねんぶつしゅう》』ですが、この「選択」という概念を軸に、法然は独自の仏教を確立しました。このように、終始、一つの概念を基調に仏教の思想すべてを解釈することは至難の業ですが、法然はこれをやり遂げたのです。

これを絞り出すためには思考の独自性も重要ですが、まずは膨大な仏典をインプットしなければなりません。新たな知見を創出（アウトプット）するためには、まず旧来の知識を吸収（インプット）しておかなければならないのです。これを可能にしたのが前話で取り上げた読書です。これにより、全仏教の思想および枠組みが法然の頭にインプットされたのでした。

法然は、「師匠の教えを受け継いで習得するのはやさしい」との言葉を遺していますが、ここで止まっていれば、まさにその段階です。つぎはそれをどう料理（解釈）するか、つまり「新たに見定める」段階になります。さまざまな試行錯誤があったと推察されますが、「ああでもない、こうでもない」と思案したあげく、ついに「選択」という概念に辿り着き、それに基づいて全仏教を解釈しなおし、末法《まっぽう》にふさわしい独創性のある仏教を創出したのでした。

◉普遍性をどう担保するか

すでに指摘したように、独創性は大事ですが、他者と違っているというだけなら、奇をてらって根拠のないことを言うこともできます。しかし、それでは説得力がありません。正当な根拠に基づいた独創性でないと、人びとを納得させる普遍性はないのです。これについては、法然の学問に対する姿勢を別の角度から見てみましょう。まずは原典に忠実な態度から。

法然の「専修念仏《せんじゅねんぶつ》の教え（念仏だけで往生できるという教え）」に対しては、多くの人が「それは偏った見解に固執した教えである」と非難を表明しました。これに対して法然はこう答えます。

『無量寿経《むりょうじゅきょう》』には〈一向専念無量寿仏《いっこうせんねんむりょうじゅぶつ》〉とあり、『観経疏《かんぎょうしょ》』には〈一向専称弥陀仏名《いっこうせんしょうみだぶつみょう》〉と解釈している。もし私が経文や釈文を離れて私的にこの教えを立てるなら、人からとがめられても仕方がない。しかしながら、この点については、人がこれを非難しようとすれば、まず初めに釈尊を非難し、次に善導を非難すべきである。その咎《とが》はまったく私には及ばない。（四〇 - 一）

専修念仏の教えは、ブッダが説いた『無量寿経』と、同じくブッダが説いた『観無量寿経《かんむりょうじゅきょう》』を善導が解釈した『観経疏』という原典に基づいて教えを立てており、自分勝手に教えを捏造したわけではないので、非難するなら、それらを説いたブッダと、解釈した善導を非難せよというわけです。完璧ですね。「はい、論破」です。このように法然は原典を曲解せず、正しく理解した上で新たな教えを立てたので、普遍性、つまり人びとを納得させる力を持つのです。

◉論破するには

「論破」に言及したので、これに関する話を一つ。法然ではありませんが、伝記に収められている明遍《みょうへん》の言葉です。大原問答《おおはらもんどう》（第一章第10話）をきっかけに法然に**帰依**《きえ》した僧侶です。高山寺《こうざんじ》の**明恵**《みょうえ》は『摧邪輪《ざいじゃりん》』を著して、法然を厳しく非難しましたが、明遍は『摧邪輪』を見て、次のように言いました。

およそ立破の方法は、第一に論破する相手の主張を十分に理解してから論破するのが決まりであるのに、明恵上人は『選択集』の趣旨を少しも理解せずに非難されたために、その非難はまったく当たっていないのである。（四〇 - 一二）

法然の薫陶を受けた弟子の言葉だけありますね。真理の探究を旨とす

【帰依】
優れたものや正しいものに心身を捧げて、すべてを任せること。自らを任せることのできる対象を信じて拠り所とすること。仏教では信仰の表明の意味でよく用いられる。

【明恵】
一一七三―一二三二。主著である『摧邪輪』（一二一二）で『選択本願念仏集』の内容や当時の浄土宗のあり方について批判した。

る学問には客観性が大事であり、そこに「相手を陥れてやる」とか「自分をよくみせる」といった恣意性が入り込めば、真理の探究から遠ざかってしまいます。

◉自分にしかないものを活かしていく

今回は研究（学問）に偏った内容だったので、結びに少しこれを広げて解釈します。

ＤＮＡという観点から見れば、生物はすべて唯一無二の存在です。二つとして同じ存在はありません。一卵性双生児でさえ、取捨選択される遺伝子情報は異なるのです。その意味で、我々は独自な存在ですから、その個性を活かせば、独創性は必ず発揮できるはずです。

そのためにはまず自己分析をし、自分にしかないものを発見しましょう。そして発見できたら、それをどう活用するかを考えましょう。社会に対する影響力の大小は関係ありません。それぞれ一人一人が与えられた場所で光を放てば、社会全体は明るくなるはずです。法然が学んだ天台宗《てんだいしゅう》の開祖・最澄《さいちょう》の言葉どおり、「一隅《いちぐう》を照らす」精神が、これからますます大事なのではないでしょうか。

第3話

偏らない生き方を

たがいに偏執することなかれ

先入観を捨て、真っ白な心で物事に対峙することは難しいですが、大事です。議論するにも、偏りのない心で臨み、「善いことは善い、悪いことは悪い」と客観的に判断し、発言することを続けていれば、そのときは嫌がられても、長い目で見れば、「あの人は客観的に判断できる人だ。あの人に意見を聞いてみよう」と、いつかは頼られる人になること間違いなしです。

相手に媚を売り、ご機嫌を伺って発言すれば、一時的には好かれますが、いつかはメッキが剥がれ、信頼をなくし、人は離れていくでしょう。偏った考えは、当たり前ですが〝偏って〟いますので、バランスを欠き、いつかは崩れてしまいます。

ここでは、法然のバランス感覚のよさを確認してみましょう。これは換言すれば、仏教の基本的立場である「**中道**《ちゅうどう》」と表現できますが、これについては最後に触れます。

◉偏りのない判断

第一章第12話から第13話にかけて、元久《げんきゅう》の法難《ほうなん》に触れました。その際、法然は天台座主《てんだいざす》に「専修念仏《せんじゅねんぶつ》の教えが諸宗の妨げにはならない」旨の書状を送ったのですが、その中に次のような記述が見られます。

たとえ百千万もの人たちの念仏が世間に広まっても、あなた方は帰属する宗派を改めるべきではない。また、念仏以外の仏法が滅びようとすると言って、念仏を廃止すれば、一体、この念仏は仏法ではないというのか。（中略）だから、余行をそしり、また念仏をそしるのは、同じく**逆罪**《ぎゃくざい》である。（中略）余行をそしってもならぬし、念仏を憎ん

【中道】
矛盾し対立する二つの事柄から離れること。極端な立場を離れたかたよりのない道のこと。偏見と執着を離れた中道は仏教の根本的立場とされる。

【逆罪】
主君や親にそむくような悪逆を犯した罪。ここでは仏の教えを誹謗する罪をいう。

でもならない。ともにみな仏法である。お互いに偏った考えに固執してはいけない。
（三二－一）

どうでしょう。この中で法然自身が述べているように、この発言にはまったく「偏り」がありません。実に客観的であり、真っ当な意見です。特に私が心打たれるのは、「あなた方は帰属する宗派を改めるべきではない」という箇所です。

他宗の立場に立ち、その立場を尊重する発言です。法然にすれば、自宗も他宗もすべてブッダの金口から流れ出た尊い教えですから、どれも否定することはありません。この後、さらに次のような発言も見られます。

真言《しんごん》・止観《しかん》の修行を窓前に行う人たちは、念仏の行をそしる。一向《いっこう》専修《せんじゅ》の念仏を床の上で勤める人たちは、諸行をそしる。共に我われの

【真言・止観】
天台宗や比叡山で行われた修行。当時の日本仏教の主流であった。

偏った心で筋道を立て、互いに各々が自分はすぐれ、他者は劣るという思いにとらわれて勝手に解釈する。どうしてこれが正しい道理に適うと言えようか。すべて仏の意思に背いている。

（三二-一）

ここでも法然は偏りのない心で、念仏を攻撃する者のみならず、自宗の念仏者が、念仏以外の行を実践する他宗の者を攻撃することも戒めています。法然は常に大局から事態を俯瞰し、冷静に、つまり客観的に判断することを心がけているようですね。この客観性も、法然が新たな仏教を創造するのに一役買ったことでしょう。

◉弟子による法然の評価

ではここで視点を変えて、その法然に対する弟子の客観的な評価を紹介しましょう。弟子ならば、法然に対する敬慕の念から、偏った評価をするかと思いきや、実はそうではありませんでした。そのような弟子もいたでしょうが、ここでは本章第1話で、法然の鬼気迫る読書を目の当たりにした信空《しんくう》の評価を紹介します。

この法然上人は人から信じられることもそしられることも、ともに並みの人以上であった。その理由を考えると、一向専念を勧めたことが原因である。これは普通の人の考えと違っているから、そしられるのにも理由がある。また通常の人の教えよりもすぐれているから、信じられるのにも理由がある。この教義を立てなかったならば、決してそしられることもなかったであろうし、決して信じられることもなかったであろう。しかし、昔も今もこの教えを立てた人がいないのだから、仮にこれが上人の過失であるなら、人よりまさった過失であり、これが上人の徳であるなら、人よりすぐれた徳であろう。（四一‐一）

どうでしょう。実に見事で偏りのない評価ではないでしょうか。さす

【信空】
一一四六‐一二二八。一二歳で出家し、法然の後に叡空に入門したことから、その弟弟子にあたる。法然の最初の弟子とされ、弟子の中でも特に有力な人物であった。

が法然の最初の弟子であり、法然に常随しただけのことはあります。法然の両面を冷静に判断していますね。この世は娑婆《しゃば》ですから、いつの世でもどんな人でも、非難されない人はいません。しかし、法然は他の人とは違っていました。

法然の業績をどう表現すればいいか迷います。イノベーション（新機軸）、パラダイムシフト（定説の覆し）、宗教改革などの言葉が浮かびますが、ここでは「流れに逆らう」という言葉で表現してみましょう。

◉流れに逆らう

法然が打ち立てた仏教は、ことごとく旧来の仏教の流れに逆らっていました。序章第2話で見たとおりです。しかし、法然はわざと流れに逆らったのではなく、己の仏教を真摯に追究した結果、たまたま流れに逆らってしまったのでした。

では「流れに逆らう」とは、具体的にどういう事態を引き起こすでしょ

【娑婆】
私たちの住む世界のこと。煩悩などの内的原因や、風雨や寒暑などの外的な原因による苦しみに耐え忍ぶという意味で忍土とも。

うか。やや横道にそれますが、当時の法然の状況を具体的に知るために、私のつたない経験から説明しましょう。

二〇年以上前、夏休みに家族で流れるプールに行きました。水が一定方向に流れているので、水に浮いているだけで体を運んでくれます。最初、私は流れに任せて泳いでいたのですが、生来の「天邪鬼」の血が騒ぎ、ダイエットもかねて、流れに逆らって歩いてみたのです。

流れに逆らうとどうなるでしょう。逆流で歩きにくくなるのは当然ですが、それによって私は貴重な体験をしました。「人と目が合う」ということです。流れに任せていれば、皆が同じ方向を向きますから目は合いませんが、逆に進むと、すべての人と対面することになり、目が合うのです。それも「こいつは何をしているんだ」という冷ややかな目です。このとき、私は閃きました。当時の法然もこうだったのではないか。

旧来の仏教と同じ方向を歩んでいたら、まったく目立たなかったでしょうが、流れに逆らった途端、衆目に晒されることになったのでした。

しかも冷ややかで批判的な目です。その一方で、旧来の仏教に不満を持っていた人からは称讃もされました。これが信空の評価「過失であっても徳であっても、ともに人並み以上」ということです。

◉中道

話をもとに戻しましょう。法然が辿り着いた仏教は、結果として旧来の流れに逆らうものでした。その結果、旧来の伝統仏教側から妬みに基づく度重なる非難を受けましたが、法然はそれに感情的に反応するのではなく、冷静に対処しました。その態度はここで見たように、実に客観的です。

仏教の基本的態度は「中道」です。ブッダはさとりを開き、五人の修行者に対して最初に説法したのが中道です。中道とは、快楽主義と禁欲主義の両極端を捨てた立場。偏った考えに固執することなく、仏教の本流である中道の立場を貫いたからこそ、開宗してから八五〇年という歴史が脈々と今日まで信仰され続けたのではないでしょうか。

我々も偏りのない心で考え、偏りのない心で語り、偏りのない心で行動したいものですね。

第4話
こだわらない生き方
生けらば念仏の功つもり

時間の流れは昔も今も同じはずなのですが、時代が進むにつれて、そのスピードは速まっているように感じます。新幹線に代表されるように、乗物のスピードはだんだん速くなり、移動の時間は短くなっていますから、そのぶん余裕のある生活ができているかと思いきや、余計に忙しくなっているようにも感じます。

忙しいだけならいいですが、時間に追い立てられるように生活して余裕がなくなり、さまざまなことに思い煩っているのが現代人です。科学技術の発達により、我々の生活は便利で楽になっているはずなのですが、かえって昔の人よりも思い煩っているようにも思えます。もう少し余裕を持って〝おおらか〟に生きたいものですが、どうすればいいのでしょうか。

◉生死ともに煩いなし

序章第1話で見たように、波瀾万丈の人生を送りながら、法然はどこか余裕を感じる生き方をしたように思います。私の表現では、心に〝遊び〟があるのです。汲々としていないのですね。それを象徴する表現を紹介しましょう。

生きている間は念仏の功徳《くどく》を積み、死ねば浄土へ参るであろう。いずれにしてもこの身には、なにも思い悩むことはないと思ったならば、死ぬことも生きることも、ともに悩むことはない。（二一－一）

実に「おおらかな生き方」と言うほかはありません。こんな心境で暮らせたら、本当に幸せだなと思いますし、私もこんなふうに生きていきたいと思わせる言葉です。どうすれば、このように生きていけるでしょうか。それを考えてみましょう。

◉苦の構造

この問題を解決するには、仏教の開祖であるいにしえのブッダに尋ねるのがいいでしょう。突然ですが、皆さんは苦しいことが好きですか。もちろん、嫌ですよね。仏教はその苦から目を逸らさず、正面から対峙し、苦の克服を目指す宗教です。まずは、その苦の構造から考えていきましょう。

苦はある構造をしています。換言すれば、ある条件のもとで苦は起こります。では、どのような構造、あるいは条件のもとで苦は起こるのでしょうか。それは、こうしたいという〝欲望〟と、そうなっていない〝現実〟がズレたときです。

たとえば、もっとお金が欲しいという欲望と、実際はお金がないという現実がズレたとき、人は苦を感じるのです。あるいは、何か食べたいという欲望と、食べ物がないという現実がズレたとき、苦が生じるのです。

ブッダの場合で考えてみましょう。ブッダが出家《しゅっけ》した理由は、老・病・死の苦から解脱《げだつ》するためでした。詳細は省きますが、結局は「いつまでも若くいたい」という欲望が「老」を苦と感じさせ、「いつまでも健康でいたい」という欲望が「病」を苦と感じさせ、「いつまでも生きていたい」という欲望が「死」を苦と感じさせるのです。

いったん生まれた以上、老・病・死という現実は変えることはできないにもかかわらず、我々は「若さ・健康・生命」に執着するので、老・病・死を苦と感じるのです。これが苦の構造、あるいは苦が起こる条件なのです。理屈は簡単です。

◉苦を克服する方向

では、どうすれば苦は克服できるのかといえば、そのズレをなくせばいいのです。修正の仕方は二つあります。一つは現実を変えて欲望を満足させること、もう一つは欲望をなくして現実を受け入れることです。ここでは夏の暑さを例に考えてみましょう。

気温三五度・湿度八〇%は実に不快な状況です。苦しいですね。ではこの苦をなくすにはどうすればいいでしょうか。一つはエアコンを使って、気温三五度・湿度八〇%という現実を変え、気温二七度・湿度三〇%にすればいいのです。こうなれば、苦は解消されますね。あるいは、気温二七度・湿度三〇%にしたいという欲望を捨て、「夏は暑いものだ。この暑さを楽しもう!」と現実を受け入れることです。

このように苦を解消するには、現実を変えて欲望を満足させるか、あるいは欲望を捨てて現実を受け入れるかの二つの方法があるのですが、ブッダの場合はどうでしょうか。老・病・死という現実は変更不可能です。変えることはできません。となれば、この苦を解消する方法はただ一つ。そうです、若さ・健康・生命に対する執着を捨て、老・病・死という現実を潔く受け入れることしかありません。

我々はさまざまな苦を経験しますが、苦によっては現実が変更不可能なことがあります。この場合は、欲望を捨てて現実を受け入れるしか方法がありません。「生まれた以上、人は老い、病気になり、最後は死ぬのだ」と観念し、老・病・死を受け入れること、これがさとりなのです。

◉晴耕雨読

「晴耕雨読《せいこううどく》」という言葉あります。「晴れれば田畑を耕し、雨が降れば本を読む」ということから転じて、俗世間を離れ、自然の中で悠々自適にのんびりと生活することを意味しますが、ここでは字義どおりの意味に注目します。

一般的に「晴れの日」は「良い日」（英語では fine day と言います）と肯定的に、一方「雨の日」は「悪い日」あるいは「あいにくの天気」など、否定的に表現されることが多いようです。また人生の苦楽を「人生、晴れの日もあれば、雨の日もあります」と、天候で表現することもあります。

しかし、このような価値観にたつとき、雨の日は楽しめないのですから、人生を一〇〇％楽しむことはできません。晴れようが雨が降ろうが、こだわりを捨ててそのすべてを楽しむことができれば、「毎日が幸せ」となります。

まさに晴れていれば田畑を耕せばいいし、雨が降れば家の中で読書を楽しめばいいわけです。こうすれば天候のいかんにかかわらず、毎日をエンジョイできますね。天候は我々の力で変更することはできません。空に向かって文句を言っても始まりません。とすれば、それをそのまま受け入れるのが得策なようです。

◉どっちに転んでもOK

以上を踏まえて、法然の冒頭の言葉を見ると、味わい深いものがあります。我々は寿命をコントロールできません。自死で自分の寿命をコントロールできると錯覚している人もいますが、自死は死に対する執着ですから、生に対する執着と同様に、仏教では否定されます。

では生にも死にも執着しない生き方とは、どのような生き方でしょうか。それは「死ぬまで生きる／死ぬときが来たら死ぬ」という自然体の生き方です。「生きていれば念仏の功徳を積めばよいし、死ねば浄土に参るだけだ」という生き方ができれば、まさに「生死ともに煩いなし」です。「どっちに転んでもOK」というこだわりのなさこそ、法然の〝おおらかさ〟を支えていたのではないでしょうか。

私も残された命、こんな風に生きたいものです。

第5話

自我を消し去る 念仏の声するところ

人間には煩悩に基づく「我(エゴ)」があります。我があるからこそ我々は生きていけるという側面もあるのですが、強すぎる我は苦の原因となり、他者に迷惑をかけることもありますね。皆さんの中には、そういう人に困っている人もあれば、知らず知らずの間に自分がそうなっている場合があるかもしれません。

仏教は「無我」を説きます。無我とは決して自分自身を否定することではありません。仏教は本来的ではない自分を否定し、本来の自分を実現することを目指します。我々は現実の自分を本当の自分と錯覚してしまうので、それを否定するのが「無我」です。そしてその自我を否定したところに現れ出るのが、あるべき姿の自分です。

紛らわしいので、ここでは便宜的に否定されるべき自分を「自我」、あるべき理想の自分を「自己」と呼んでおきましょう。自我を否定し、自己を実現するのは難しいですが、ここでは無我に徹し自己を実現した法然の言葉を紹介しましょう。

◉僧侶という存在

私にも経験がありますが、勉強して人から認められれば、自分は偉くなったと錯覚するときがあります。自分の業績が認められたり評価されたりすれば、「俺って偉い！」と思ってしまうものです。特に宗教者は気をつけなければなりません。

浄土宗ではこの世でのさとりを放棄しているので大きな問題はありませんが、禅宗《ぜんしゅう》はこの世でのさとりを目指すので、自分が「さとりを開いた！」とする錯覚には特に注意が必要です。

坐禅を続けていると、精神が覚醒して忘我《ぼうが》の状態に入ることがあります。そのとき坐禅者は「自分は凄い人間だ」と錯覚してしまうことがあります。これを「魔境《まきょう》」といいます。エゴをなくすどころか、エゴが肥大化している状態ですね。別の言葉で言えば、「さとり臭い」となるでしょうか。真の坐禅者はそういう境地も否定し、さらなる高みを絶え間なく目指します。逆説的ですが、「これでさとった！」と思った瞬間、さとりは逃げてしまうのです。

どこかの宗教の教祖が「さとりを開いた」と錯覚し、傍若無人に振舞って反社会的な行動に出たことは記憶に新しいのではないでしょうか。現世でのさとりを目指さない浄土宗においても、僧侶は周囲から一目置かれる存在と見なされていますが、自分を相対化することは難しく、「自分は偉い人間だ」と錯覚してしまいがちです。自戒の意味も込めて、気をつけなければ、と思うようにしています。

というのも、僧侶は仏と人間の仲介的立場に身を置くので、そのような錯覚に襲われがちだからです。つまり「人間以上、仏以下」という立ち位置です。しかし少なくとも浄土宗の場合、念仏往生《おうじょう》に出家在家《しゅっけざいけ》の区別はありません。あるのは阿弥陀仏と凡夫《ぼんぶ》（人間）という二項の関係だけであり、出家者も凡夫に含まれます。阿弥陀仏に対しては、在家者と同じ救済の対象となるのです。

◉無我を貫いた法然

法然は新たな宗派の開祖として、多くの人びとの**帰依**《きえ》を得ました。旧仏教側からはバッシングを受けましたが、それは裏を返せば法然の偉大さを物語っています。法然自身は三学非器《さんがくひき》と自分を評価しましたが、すでに見たように、我々から見れば三学すべてを兼備した人物です。臨《りん》終《じゅう》を間近に控えた法然に、弟子の信空《しんくう》は次のように言いました。

古来の高徳の僧にはみな遺跡《ゆいせき》が残されております。それなのに上人は寺院を一つもお建てになっておりません。ご入滅《にゅうめつ》の後はどこをもっ

【帰依】
優れたものや正しいものに心身を捧げて、すべてを任せること。自らを任せることのできる対象を信じて拠り所とすること。仏教では信仰の表明の意味でよく用いられる。

【入滅】
仏教の目指す「滅」（涅槃）の状態・境地に入ること。涅槃とは煩悩のない平安な状態を意味する。

てご遺跡とすべきでありましょうか。（三七－一）

弟子としては当然の発言でしょう。私もそう言ったと思います。これに対しての法然の返答は、以下のとおりです。

遺跡を一ヵ所の堂塔に定めてしまえば、私がこの世に残す教法は広まらない。私の遺跡は諸国に満ちあふれているはずだ。なぜならば、念仏をおこし盛んにすることは、この私が生涯をかけて教え勧めたことである。だから念仏を修する所は、身分の上下を問わず、漁師の粗末な小屋までもが私の遺跡となるのだ。（三七－一）

初めてこの文に触れたとき、私はしびれてしまいました。法然ほどの実績がある宗教家であれば、自分の遺跡を具体的に指定し、また銅像の一つでも作れと言いそうなものですが、そういう考えは法然には微塵もありません。

法然にとって大事なのは、自分の名前や業績を後世に残すことではなく、念仏の教えを広め残すことなのです。この言葉には「自分は念仏の教えの礎たらん」という気持ちが前面に出ています。完全に自我を消し去り、「無我」に徹しきった言葉であり、ここにこそ法然の「自己」が遺憾なく発揮されていると言えるでしょう。

◉無我に徹したブッダ

この法然の態度は、仏教の開祖であるブッダの姿勢を見事に継承していますので、それを確認しておきます。まずは「筏《いかだ》の喩え」から。

ブッダは弟子たちに「自分が説いた教えは筏のようなものである」と説諭しました。どういう意味でしょうか。川を渡るとき、皆さんは筏を編んでこちらの岸（此岸）からあちらの岸（彼岸）に渡ったとしましょう。そしてその先、もう川はないとしたら、皆さんはその筏をどうしますか。その場に置いていきますよね。陸地を進むのに筏は邪魔になるだけです。

ブッダは、自分の教えも筏と同じであり、さとりを開くまでは必要だが、さとってしまえばそれを捨てよ、と説いたのでした。何とも潔い発言です。私なら「自分の説いた教えは絶対だから、後生、大事に保持せよ」と言うでしょう。

もう一つ例をあげます。臨終間近のブッダに弟子の**アーナンダ**は「ブッダ亡き後の仏教徒のあり方を問うと、ブッダは「自灯明《じとうみょう》法灯明《ほうとうみょう》」と答えました。これは、「自分が死んでも、真実の自己と真理とを拠り所にして生活せよ」という意味です。普通なら、「教祖の私を拠り所とせよ」と言いそうなものですが、そこに「我」は一切ありません。無我に徹しきっています。

【アーナンダ】
ブッダの弟子の一人。阿難陀や阿難ともいう。ブッダの従弟にあたるとされ、長年その従者として行動をともにし、説法を聞き伝えたことから多聞第一と称される。

◉自我の相対化

仏教は「無我」を説きます。無我を言い換えれば「自我の相対化」となるでしょうか。自我は自分中心にものごとを考え、自我を絶対視しますが、それは煩悩に基づいているので、自分を傷つけ、他者も傷つけます。自分中心に物事を考える自我をいかに相対化するかが大事です。自我を絶対視すれば「権威主義者」になります。特に組織の長になれば、自分が組織の一番上に位置するので、構造的に自我を相対化できなくなります。いい人が「〜長」になった途端、権威主義者に豹変したという話も聞きます。

真の指導者は常に自己を相対化できる人です。ブッダも法然も教団を率いる開祖となりましたが、権威主義的な側面は毫《ごう》もありません。無我を貫き、無我に徹しきっていますね。だからこそ、人びとから慕われ、現代においても信仰され続けているのでしょう。この姿勢は、我々も大いに学ぶべきところです。

第6話 筋を通して生きる 現世を過ぐべきようは

優柔不断な人間が他者の信頼を得ることはありません。一方、自らの信念に従ってブレることなく生活している人間は、他者から一目置かれます。

江戸時代の儒学者・佐藤一斎の言葉に「春風を以て人に接し、秋霜を以て自らを慎む」というのがあります。まさに「自己には厳しく、他者には優しく」という生き方をうまく表現しています。この逆、すなわち、最もタチが悪いのは、自分に優しく、他人に厳しい人ですよね。他人に厳しく、自分に厳しい人は、「怖い人だな」と思われても、批判はされません。行動がブレずに一貫しているからです。

自分に厳しくストイックな人は何重もの規制で自己を縛りますが、多くの人はそれを実践できません。しかし、「最低限、これだけは譲れない」という信念、あるいは信条は持つべきではないでしょうか。そんな生き方を法然に学んでみましょう。

◉念仏最優先の生活

法然は最低最悪の人間が救済される仏教を確立したので、人間に対しては基本的に優しい眼差しを持っているのですが、だからといって野放図に「何をしてもＯＫ」と考えたわけではありませんでした。〝最底辺〟の人間に焦点を当てつつも、〝最低限〟のルールを設定しました。それは「念仏最優先の生活」です。

そのことが表れた言葉を、少し長い引用になりますが、法然の仏教の特徴を考える上で重要ですから、省略なしで紹介します。

現世の過ごし方としては、念仏がよく称えられるように過ごすのが

よいのです。念仏の妨げになると思われることは、避けて行わないようにすべきであります。一所にいては念仏が申されなければ、巡礼など**遊行**《ゆぎょう》して申すのがよいでしょう。遊行していては念仏が申されなければ、一所に留まって申せばよいでしょう。妻子らを捨てて聖《ひじり》となっては念仏が申されなければ、妻子らと一緒に暮らす在家になって申せばよいでしょう。在家では念仏が申されなければ、世を捨てて申せばよいでしょう。ひとりで籠もっては念仏が申されなければ、仲間と一緒にいて共に申すのがよいでしょう。仲間と一緒では申せなければ、ひとり籠もって申せばよいでしょう。衣食に不自由するために念仏が申されなければ、他人に援助してもらって申すのがよいでしょう。他人に援助してもらっては念仏が申されなければ、自力で生活して申せばよいでしょう。妻子や従者は、自分自身が彼らに助けられて念仏を申すためであります。もしも念仏の妨げになるならば、決して妻子や従者を持ってはなりません。土地を領有していることも、念仏の**助業**《じょごう》

【遊行】
修行者が巡り歩きながら、仏道修行を行うこと。

【助業】
念仏（正定業）を増進する意味で助けとなる行。

となるならば大切なものであります。念仏の妨げとなるならば持たない方がよいでしょう。

（四五－一）

このように、「念仏を申すか申さぬか」が最大の価値基準であり、「念仏を申せる」のであれば、ライフスタイルは一切問わないというのが法然の基本姿勢です。徹底していますね。往生《おうじょう》の行を専修念仏《せんじゅねんぶつ》（ただひたすらに念仏を申す）という、最も実践しやすいレベルにまでハードルを引き下げたのですから、それは必ず実践しなければなりません。

旧来の仏教の救いの網から漏れていた大多数の人びとは、この法然の教えに希望の光を見いだしたことでしょう。その一人に、弟子の親鸞《しんらん》も含まれていました。妻帯して子どもも設けていた親鸞は、旧来の仏教ではさとりや救いからはほど遠い存在です。しかし、法然は妻帯を問題視しません。問題視するのは「念仏を申すか申さぬか」。

親鸞にとって、この法然との出会いが無上の喜びと感じられたのも理解できます。絶望の底にあった親鸞が希望の光を見いだした様子が目に浮かぶようです。だからこそ、「たとえ法然上人に騙され、念仏して地獄に落ちても、なんら後悔はしない」（『歎異抄《たんにしょう》』）とまで言い切ったのではないでしょうか。

◉念仏が主

念仏最優先の生活を推し進めていくと、生活のすべてが念仏を中心に回り始めます。ですから、次のような言葉も見られます。

たとえほかのことをしていても、念仏を称えながらそれをしているのだと思いなさい。ほかのことをしながら念仏を称えるのだと思ってはいけない。

（二一 - 一）

同時に二つのことをしても、どちらを「主」としてどちらを「従」とするかは、本人の心がけ次第です。

仏教では「念」を重視します。念仏の念ですが、これは「対象を忘失しないこと」と定義されます。「念」は「今」と「心」が合体した字ですから、「今（現在）、何かに心をかけること」、つまり「忘れない／思い続ける」の意になりますね。

このように「私は念仏最優先の生活をしている／念仏を中心に生活している」ことを忘れずにいれば、自ずと念仏をとなえる習慣がつきます。

◉念仏の有り難さ

ではなぜ、法然はこれほどまでに念仏を強調するのでしょうか。ここで、その背景について考えてみましょう。

仏教は本来、さとりを目指します。さとるためには、出家して厳しい修行をしなければなりません。ブッダの神格化に伴い、ブッダがさとるまでに要した時間は天文学的数字になります。また大乗仏教《だいじょうぶっきょう》では菩薩《ぼさつ》としての修行の段階が五二に設定され、最終的にさとるまでにはこれまた天文学的数字になります。

出家者ほど厳しい規律を求められない在家信者さえ、五戒《ごかい》を守らなければなりません。①不殺生《ふせっしょう》（生き物を殺さない）、②不偸盗《ふちゅうとう》（人のものを盗まない）、③不妄語《ふもうご》（嘘をつかない）、④不邪淫《ふじゃいん》（不倫をしない）、⑤不飲酒《ふおんじゅ》（お酒を飲まない）の五つです。どうですか、皆さんはこの五戒を死ぬまで守れますか。私は一日も守れそうにありません。守れたとしても、これは在家信者の道徳ですから、さとりには直結していません。

これと比較したとき、法然が確立した念仏往生の教えは、最低一称の念仏であっても極楽往生を可能にします。「極楽往生」＝「さとり」ではありませんが、往生してしまえばそこで修行して容易に成仏《じょうぶつ》できるので、極楽往生は極限までさとりに近い状態です。

この背景を知れば、念仏往生の教えがいかに〝有り難い教え〟であるかが理解されますね。法然が出現しなければ、つまり従来の仏教のままなら、我々はさとるために、膨大な時間をかけ多大な修行を実践しなければならなかったのです。

◉専修念仏に出逢えたことに感謝

法然の教えは素晴らしくて有り難いのですが、この背景を知らないと、その有り難みが分かりません。「念仏だけで往生できる」とだけ聞いても「はあ、それで?」となるのですが、この背景を知れば「それは有り難い!」となりますね。

念仏は易行《いぎょう》にして往生の必要充分条件だからこそ、その念仏に全精力を傾け、「念仏最優先/念仏中心」という筋の通った生活を実践する必要があるのです。それすら実践できないのなら、「縁なき衆生《しゅじょう》は度し難し」となります。

仏教という宗教に出逢えたことに感謝し、またその仏教の教えの中でも、法然の専修念仏の教えに出逢えたことを、私たちは喜ばなければな

【衆生】
いのちあるもの。全ての生きとし生けるもの。

りません。さきほど説明した背景を知れば、自ずとその有り難さが分かり、念仏最優先の生活ができるのではないでしょうか。

第7話

できないことは潔く諦める　これ煩悩の所為なれば

人間に明日の天気を変えたり、地球の回転を反転させたりすることはできるでしょうか。できませんよね。では、自分の体はどうでしょう。これなら、自分の思い通りにできそうですね。では、自分の意思の力で心臓の動きを止めたり動かしたりすることはできますか。残念ながら、これも無理です。自分の体でも、そのすべてをコントロールすることはできません。

肉体は無理でも、心なら何とかなりそうですね。では、試してみましょう。前話で説明した五戒に対し、「これはけしからん！」と反対する人はいないでしょう。実践すべきだと誰でも考えます。

では毎日、これをすべて実践できますか。自分の心の問題ですから、「善い」と心が判断すれば、実行に移せそうですが、これもままなりません。つまり我々は「善い」と分かっていても実行できないことがあり、「悪い」と分かっていてもやってしまうものです。体のみならず、心も自由にはできないのです。では、どうすればいいのでしょうか。

◉できることとできないこと

あるとき、延暦寺《えんりゃくじ》の東塔《とうどう》に住む静厳《じょうごん》という位の高い僧侶が法然のもとにやってきて、どうすればこの迷いの世界から離れることができるかと質問しました。「私の方こそ、あなたにそれを聞きたいと思いますが」と応えると、静厳は「これについては、上人は智慧《ちえ》も徳もきわまり、仏道を求める心が深いので、きっと心に決めた教えをお持ちでしょう」と返します。

そこで法然は「私には、阿弥陀仏の本願に乗って極楽に往生《おうじょう》することを望むこと以外の修行では、まったく修行の効果はありません」と返答すると、静厳は自分の答えも同じではあるが、迷いの心が沸き起こるのをどうしたらよいかとさらに質問したので、法然は次のように答えました。

それは煩悩の仕業なので凡夫《ぼんぶ》の力ではどうにもなりません。ただ本願を頼りとして名号を称えれば、仏の本願力に乗って往生を得ると承知しているだけです。（一三-一）

なんとも割り切った潔い言葉ですが、阿弥陀仏に対する信心《しんじん》が揺るぎなく確立しているからこその言葉ではないでしょうか。これを聞いた静厳は、「信心は定まり、疑念はたちまち消えてなくなりました。往生はまったく疑う余地がありません」（一三-一）と答えて、法然のもとを立ち去りました。

人間にはできることとできないこととがあります。法然にとって、できないことは「自力で修行してさとりを開くこと」、できることは「阿弥陀仏の本願を信じて念仏すること」です。ですから、この両者をしっかりと峻別し、できないことは潔く諦め、そのかわり自分にできること（念仏）に集中したのでした。これを「諦念《ていねん》」とも言います。

◉諦念

諦念の「諦」とは「諦める」と訓読みします。これは「捨てる（ギブアップ）」の意味で使われることが多いですが、本来の意味は「（真理を）明らかにする」ですので、「諦」は「明らかにされたこと」つまり「真理」をも意味します。

ブッダは老・病・死に代表される苦からの解脱《げだつ》を目指して出家《しゅっけ》しました。そして修行のすえ、「人として生まれた以上、老・病・死は避けられない。若さ・健康・生命に対する執着がそれぞれ老・病・死を苦と感じさせているのだ」と諦念し、若さ・健康・生命に対する執着を捨てて老・病・死を受け入れました。これがブッダのさとりです。

ブッダは「いつまでも、若くいたい／健康でいたい／生命を維持したい」という欲望を捨てることにより、「人として生まれた以上、老・病・死は避けることはできない」という真理を明らかにしたのです。こう考えると、若さ・健康・生命に対する執着を「諦める（捨てる）」ことは、人生の真理を「諦める（＝明らかにする）」ことにつながるのが分かりますね。

ブッダの仏教と法然の仏教は「自力と他力」で対照的ですが、「諦める（捨てる）」という点では大いに共通します。その捨てる対象は、ブッダの場合は「執着」、法然の場合は「自力」と異なりますが、何かを諦念して放下したとき、人間にはそれと引き換えに、見えてくるものや手にいれられるものがあるようです。

◉捨ててこそ

日本における浄土教・念仏信仰の先駆者と考えられているのが**空也**《くうや》です。六波羅蜜寺《ろくはらみつじ》に所蔵されている空也像（口から「南無阿弥陀仏」を象徴する六体の仏が出ている像）は有名ですね。彼は次のような歌を遺しています。

山川の　末に流るる橡殻《とちがら》も　身を捨ててこそ　浮かむ瀬もあれ

（『空也上人絵詞伝《くうやしょうにんえことばでん》』）

この歌を知っている人も多いでしょう。一般的には「命を捨てる覚悟があれば、急流でも体が浮かぶものだ」から転じて、「身を犠牲にする覚悟があれば、活路を見いだし、ものごとを成就できる」という意味で使われます。

【空也】
九〇三‐九七二。平安中期の念仏僧。市中に出て庶民に念仏を広めたことから市聖とも呼ばれる。

我々はさまざまな執着に縛られて生きています。こだわらないとできないことがあるのも事実ですが、そのこだわりを捨てたときに初めて、真理がありありと見えてくることもあります。その例を一つ紹介しましょう。

北海道にある浄土真宗のお寺の**坊守**《ぼうもり》をしていた鈴木章子《あやこ》は癌にかかり、四六歳で亡くなりましたが、多くの詩や言葉を遺されました。その中に「肺一葉 捨ててはじめて空気の存在を実感しました。無形の存在をたしかに受容できました」（「無形の存在」）というのがあります。本人にとっては癌で肺を摘出しなければならなかったのですが、肺を失う代わりに、彼女は「空気という無形の存在を実感し受容した」のです。「肺を捨てる」という過酷な体験から紡ぎ出された真理の言葉、心して味わうべきでしょう。

【坊守】
寺坊の番人。浄土真宗では僧侶の妻をいう。

◉自力を尽くして他力を知る

法然の仏教は他力の教えです。しかし、自力を捨てて他力を受け入れるためには、少し工夫が必要ではないでしょうか。他力を有り難く頂戴するには、「自力に絶望すること」が前提条件になります。そして自力に絶望するには「自力を尽くすこと」が大事です。法然のように、三学にわたって修行に励み、自力を尽くしてさとりを開こうと試みることです。

それが難しければ、「五戒」を守ることでもいいでしょう。毎朝起きたら、「五戒」の内容を口で唱え、「今日一日実践するぞ！」と誓いを立てるのです。それも難しければ五戒の一つ「不飲酒《ふおんじゅ》」だけでもいいでしょう。皆さんは守れますか。私は毎朝「不飲酒」の誓いを立てるようにしていますが、成功するのは月に一回くらいです。

そのたび、私は「一日さえも不飲酒を守れない」と自分に絶望しています。この絶望があるからこそ、自力ではさとりを開けないという事実、そして阿弥陀仏の救済という他力の有り難みを知ることができます。これを浄土宗では「信機《しんき》・信法《しんぼう》」といいます。自分の能力（機）が劣っていることを知る（信じる）ことで、阿弥陀仏の慈悲（法）を心から信じることができるという意味です。

法然に倣って、「できないことはキッパリと諦める。その代わり、できることに集中する」というメリハリの効いた生き方をしたいものです。

第8話　努力目標の立て方

一丈の堀を越えんと欲せば

努力せずに事が成就することはありません。誰しも幼少期より、努力の重要性を教育されます。努力の反意語は「怠惰」ですが、「怠けることは素晴らしい」という教育は基本的にはないでしょう。

しかし、努力は大事だと分かっていても、ついつい怠けてしまうのが人間のさが。後世に名を残す偉人は高い努力目標を掲げてもそれを達成できますが、平均的な人間が高い努力目標を立てても、その実現可能性はゼロに近くなります。

努力をしないのもダメだし、努力目標が高すぎてもいけません。では我々のような普通の人間は、どのあたりを目指すべきでしょうか。

◉偉人の努力

法然の考え方を紹介する前に、まずは努力に対する偉人の態度を確認することから始めましょう。最初に紹介するのは第一章第8話で言及した野口英世です。

努力だ。勉強だ。それが天才だ。だれよりも三倍、四倍、五倍勉強する者、それが天才だ。

偉業を成し遂げた野口だけあって、努力の量も半端ではありません。彼自身、最大人の五倍努力をしたのでしょう。だから、あれだけの業績を残せたのです。しかし、人が一日三時観勉強していたとすれば、その五倍は一五時間になり、一日の五分の三以上は勉強しなければならなくなります。したがって、誰でもできる努力ではありませんね。

ではつぎに、松下電器（現パナソニック）の創業者・松下幸之助の言葉を紹介します。

ぼくが奉公している時分に一人前になるためには、小便が赤くなるくらいにならないとあかんのや、そういうことを二、三べん経てこないことには、一人前の商売人になれんぞということを、親方から聞いた。

どういうことかというと、商売で、心配で心配でたまらん、もう明日にでも自殺しようかという所まで追い込まれたら、小便が赤くなるという。そういうようなことをしてきて初めて一人前の商売人になる。だから尋ねるんやが、あなた、儲からん儲からん言うけど、小便赤くなったことあるか？

ここまでくると、命を賭けて努力しなければならなくなりますが、常人の域を脱した努力であり、その言葉に感動しても、「自分もやってみよう」と思う人はかなり少ないのではないでしょうか。

◉身の丈に合った努力

そこで、我々の身の丈に合った努力を考えてみましょう。法然は次のような言葉を残しています。

一丈（三メートル）の堀を飛び越えようと思う人は、一丈五尺（四・五メートル）の堀を飛び越えようと思って励まねばならない。これと同じように、極楽への往生《おうじょう》を望む人は、間違いなく往生できると信じた上で、念仏に励まねばならない。

（二一 - 一）

三メートルの堀を飛び越えるのに四・五メートルの堀を飛び越えるべく努力せよというのですから、努力は通常の一・五倍です。絶妙な数字ではないでしょうか。「二倍」と言われるときついし、一・二倍は確実に飛び越えるには心もとない数字です。

喜劇俳優のチャップリンは、「最初から多くのことを成し遂げようとして極端な努力をすると、たちまちのうちに全てを放棄することになる」と言っていますので、一・五倍は、我々のような普通の人間にはほどよい数字ではないでしょうか。

◉最初の一歩を踏み出す

ではつぎに、努力に関する法然の言葉を、『一百四十五箇条問答《いっぴゃくしじゅうごかじょうもんどう》』から紹介しましょう。『一百四十五箇条問答』とは、庶民の素朴な質問に法然が答えたものであり、全部で一四五箇条あります。まずは二八番目の授戒《じゅかい》に関する問答を紹介します。

ある女性が授戒会《じゅかいえ》に参加しましたが、今後、戒を守っていく自信がなくなったので、その作法において求められる「戒を保つ」という言葉を言えなかったといいます。その女性からの「たとえ一時でも『守る』という気持ちを持つことが重要なのではないですか」という問いに対し、法然は次のように答えます。

お答えします。これは、さしつかえありません。たとい、後になって戒を守ろうとすることが破れたとしても、そのとき守ろうと思う心で守ることは、よいことなのです。

なぜ、後に破ることになっても「善」なのか。ここでは説かれていませんが、少し補足の説明をしておきましょう。さきほどの五戒の話にも通じますが、たとえば「不妄語《ふもうご》」の戒を保つことを誓って嘘をつく場合と、そうでない場合を考えたとき、どちらが人間に善い効果をもたらすでしょうか。答えは前者です。

たとえ戒を破っても、誓いを立てた後であれば「破ってしまった!」

という心の痛みが伴うので、それを懺悔して更生するするチャンスが生じます。しかし後者にはこの心の痛みが伴わないので、それがありません。だから後に破ることになっても、「戒を守ろう」と決心することは「善」なのです。

しかし、この話は戒の問題のみならず、まず「一歩踏み出すこと」の重要性を説いていると思います。「どうせ、自分にはできないから」と諦めてしまえば、何も始まりません。努力はまず「行動し、最初の一歩を踏み出すこと」から始まります。ともかく、最初の一歩を踏み出してみましょう。

◉努力の先取りはダメ

つぎに、同じく『一百四十五箇条問答』から一二七番目の問答を紹介します。

問「毎日しなければならない念仏を怠り、あとから加えるのと、あらかじめして怠る気持ちで、先に称えておくのは、いかがなものでしょうか」

答「お答えします。あとから称えるのはさしつかえありませんが、あらかじめ怠るつもりで称えるのは、いけません」

なかなか味わい深い答えです。たとえば毎日念仏を三万回となえると決め、「今日は二万回しかとなえられなかったから、明日は四万回となえよう」というのはいいですが、「今日は四万回となえて、明日は一万回分サボろう」というのはいけないということです。後者は打算的な怠け心が透けて見えていますから。とはいえ、前者も「明日まとめてとなえればいいや」と考えて怠るのはダメ。「やむをえずできなかった」場合に限ります。

念仏以外のことも、日々努力して、どうしてもできなかった場合には、足りない分を後日、取り戻すというのがよさそうですね。

◉「0から1」と「1から2」の違い

まずは行動を起こしましょう。それが努力の第一歩です。まず最初の一歩踏み出さなければ、努力そのものが成立しません。そして一歩踏み出したら、つぎに自分の身の丈に合った努力目標を立てて実行することです。ここで見たように、目標達成に向けて一・五倍くらいの努力をしてみましょう。

行動することとの重要性について、インドの宗教家であるマハトマ・ガンディーは、「結果がどう出るにせよ、何もしなければ何の結果もないのだ」と言っています。当たり前ですが、重要な指摘です。

最初の一歩が重要なのは分かりますが、これがなかなか難しい。なぜでしょうか。「0から1」と「1から2」は、どちらも差が「1」なので同じように見えますが、その内実はまったく違います。なぜなら「1

から2」は「有から有」ですが、「0から1」は「無から有」ですね。ゼロから何かを創造しなければならないので、難しいのです。しかし、これがないと努力が始まりません。勇気を出してまず一歩を!

第9話　継続は力なり　まいる心だにも候えば

前話では「努力」について考えましたので、本話ではその努力の「継続性」について考えてみましょう。

人間の能力は一様ではありません。勉強が得意だけれど運動は苦手という人がいる一方で、その逆の人もいれば、両方ともできる人、両方ともできない人など、さまざまです。その能力も、早くに開花する人もあれば、大器晩成の人もいます。早くに開花しても、その進化が早くに止まる人がいる一方で、死ぬまで進化し続ける人もいます。これればかりは、予測できませんね。

人間に**鈍根**《どんこん》の人と**利根**《りこん》の人がいることは仕方ないとして、では利根の人だけが目標を達成し、鈍根の人は目的を達成できないのでしょうか。

【鈍根と利根】
鈍根は、仏道修行における能力が劣っている者。対して利根は、仏道修行における能力が優れている者のこと。

浄土教がすべての人を救済の対象とする限り、両者の間に差があるはずがありません。この問題を法然はどう考えたのでしょうか。

◉頓機と漸機

では、その手がかりを、『往生浄土用心《おうじょうじょうどようじん》』に探ってみましょう。これは信者の質問に対する法然の回答を収録した和語文献ですが、質問は省略され、法然の回答のみが記されています。全部で一〇の回答がありますが、その中の九番目に注目してみましょう。

人には頓機《とんき》、漸機《ぜんき》という二つがあります。頓機というのは聞いたならばすぐにその内容を理解できる人、漸機というのは徐々に理解していく人のことをいいます。たとえば、神社仏閣へ参詣するにしても、足の速い人はわずかな時間でそこまでたどり着くことができるのに、足の遅い人は一日かけても着くことができないようなものです。しかし、そこに行こうという心があれば、最後には必ずお参りすることができるのと同じように、お浄土に往生したいと願う気持ちさえおありになれば、時間はかかっても御信心《しんじん》は深くなっていかれるに違いありません。

ここで大事なのは、「早い／遅い」ではなく、そこに行こうという「(決)心／心(保ち)」です。これさえあれば、時間はかかっても、必ずゴールにたどり着けると法然は言っています。法然に言われると、勇気と元気が湧いてきますね。大事なのは、その心を途切れさせることなく、継続して維持することです。

もう一つ、ここで大事なことは「他人と比較しない」ことではないでしょうか。銀行家・政治家であり、また生物学者・考古学者でもあったイギリス人のジョン・ラボックはこう言っています。

他人と比較して、他人が自分より優れていたとしても、それは恥ではない。しかし、去年の自分より今年の自分が優れていないのは立派な恥だ。

いい言葉ですね。比較するのは他人ではなく、あくまで自分自身。周りのことは気にせず、あくまで自分自身と対峙し、目的達成の心を失わずに行動すれば、法然が指摘するように、最後には必ず道は成就するはずです。自分のペースで確実に進んでいきましょう。

しかし、その道が長ければ長いほど、その心が挫けてしまいそうになることもあります。そんなときはどうすればいいでしょうか。その方法をいくつか考えてみましょう。

◉小さな目標の設定

まずは、小さな目標を立てることを考えましょう。いきなり大きな目標を立てても、その実現可能性は低くなります。高い山に登るのに、いきなりそびえ立つ頂上を見ても気持ちが萎えてしまいます。最終目標は頂上（十合目）だとしても、まずは一合目を目指して歩くことから始めましょう。

これについては、大リーグで活躍したイチローの言葉が参考になります。あれほどの結果を残した選手でもいきなり頂上を目指したわけではありませんでした。彼は次のように言っています。

目標は高く持たないといけないんですけど、あまりにも高過ぎると挫折してしまう。だから、小さくとも自分で設定した目標を一つ一つクリアして満足する。それを積み重ねていけば、いつかは夢のような境地に辿り着く。

このような地道な努力が、あのような大きな結果をもたらしたとすれば、大さな目標を達成するのに小さな目標の達成を繰り返すことは有効なようです。なぜでしょう。それは達成感が得られるからです。その達成感は次の目標に挑戦する際の大きな動力となります。

自己肯定感が低い人は、そもそも行動を起こしません。なぜなら、失敗するのが怖いからです。そのような人に必要なのは、まず達成可能な小さな目標を立て、それをクリアすることで、達成感を感じることです。「自分でもやればできた！」が自信になり、これは次の挑戦へと駆り立てるのです。そしてこれを繰り返せば、最終的に大きな結果を生むことになるのです。

前話で一丈の堀の話を取り上げました。一丈の堀を越えるために、一・五倍の努力をする。それがクリアできたら、次に、四・五メートルの堀を越えるために、六・七五メートルの堀を越える努力をする、というように、一・五倍の努力を積み重ねていくと、結果的にかなり大きなことができるようになっているはずです。大きな目標を達成するには、目標を小さく刻み、その目標をクリアするという成功体験を積み重ねれば、自信もつきますね。

◉別時念仏

次に、目標達成の方策を考えてみましょう。目標達成の長い道のりを歩めば、心挫けることも怠け心が起こることもあるでしょう。法然はそのような弱い人のこともちゃんと考えています。法然自身は六万遍の念仏を日課としていましたが、我々凡人が同じように念仏を相続するのは大変です。しかし、そんなときに有効なのが、時間と場所を定めてひたすら念仏をとなえる別時念仏《べつじねんぶつ》なのです。『七箇条の起請文《しちかじょうのきしょうもん》』を参考に考えてみましょう。

『七箇条の起請文』とは、法然が**三心**《さんじん》について述べた後に、念仏者に対する七つの心得を説いたものですが、そこに別時念仏に関する説明が見られます。法然自身は六万遍の念仏を日課としました。しかし、それ

【三心】
極楽浄土に往生する者が持つべき三種の心。詳しくは二七七頁

を継続して実践するのは至難の業です。そこで法然は言います、「日々六万遍、七万遍の称名念仏《しょうみょうねんぶつ》を修することが望ましいと常に心得ていながらも、その気持ちは日々の生活の中で薄れてしまうので、その気持ちを正すために時々は別時の念仏を修するべきである」と。

特別な時間と場所とを設け、念仏に集中するのです。そうすれば、忘れていた習慣を思い出し、日々の念仏の習慣づけになるというわけです。別時念仏は念仏に限っての話ですが、ほかにも応用可能です。たとえば、読書も「この日は三時間、必ず集中して読書する」と決めて読書するのです。やってみてください。

◉願と行

物事を継続して行うためには、まず決心することが大事です。これがしっかりと確立していなければ、何も始まりません。そしてその心が決まれば、次は実際に行動に移すことです。その際、最終的な大目標は意識しながらも、そこに至る方便として、目標をいくつかの小目標に刻みます。そして小目標の一・五倍ほど先を目指して努力します、それが達成できれば、次の目標の一・五倍ほど先を目指して努力する、これを繰り返せば、最終的に大きな目標が達成できるでしょう。

仏教ではこれを「願《がん》」と「行《ぎょう》」と表現します。目標を立てて決心することを「願」、そしてその願を達成するために努力することが「行」です。阿弥陀仏も法蔵菩薩《ほうぞうぼさつ》という修行者であったときに四八の**誓願**《せいがん》を立て、それを実現するために兆載永劫《ちょうさいようごう》というはるかな時間にわたって修行を実践されたのです。これを模範に、我々も努力を継続していきましょう。

【誓願】
菩薩がいのちあるものを救済するなどの誓いを立てること。総願と別願に分けられ、ここでいう阿弥陀仏の誓願は各菩薩がそれぞれの個性にあわせて立てるべき個別の誓願である別願にあたり、四十八願とよばれる。

第10話 今を生きる

虚しく三途に還ることなかれ

突然ですが、皆さんはいつ死ぬのでしょうか。三年先でしょうか、二〇年先でしょうか。たいていの人は「死ぬのはまだ先のことだ」と考えているに違いありません。しかし、本当にそうでしょうか。「平均」という魔法の言葉がありますが、我々はなんとなく「平均寿命」という幻想に基づき、そこから引き算して自分の寿命を考えているのではないでしょうか。

しかし、平均はあくまで平均。平均寿命より長生きする人もいますが、短い人もいます。数字に惑わされてはいけません。また生の先に死があるのでもありません。死は生の足下にあるのです。ある中国の禅僧は「生と死」を「氷と水」に喩えました。氷（生）の中に水（死）は可能性として存在しています。H2Oの様態が違うだけです。徐々に解ける人もいれば、瞬間に解ける人もいるのです。

だとすれば、ゆっくりはしていられませんね。突然、死ぬことになったとしても「死んでも死にきれない」（第一章第14話）とジタバタしないよう、普段から抜かりなく準備しておかなければなりません。

◉「今」を生きる

ブッダの重要な教えの一つは「諸行無常《しょぎょうむじょう》」です。時代や地域を越えて、この思想は仏教徒に共有されています。法然の見解を見る前に、まずはインドでの状況を見ておきましょう。まずはブッダ自身の遺言からです。

八〇歳で生涯を閉じたブッダは、亡くなる直前、弟子たちに「すべてのものは過ぎ去る。怠ること（＝放逸《ほういつ》）なく道を求めよ」と遺言したのでした。老体に鞭打ちながら、死ぬ直前まで遊行《ゆぎょう》の生活を続け、その教えを弘めるのに尽力したブッダの言葉だけに重みがありますね。ぼーっ

【諸行無常】　全ての物事は永遠に存在するものではなく、常に変化するものであるという教え。

としていたら、一日はあっという間に過ぎます。そしてその積み重ねが「死んでも死にきれない」という後悔の言葉に結実します。
無常を頭だけでなく体で理解すれば、その行動は「今という瞬間を完全燃焼させる」という生き方になるはずです。ブッダはこうも言っています。

過去を追うな。未来を願うな。過去はすでに過ぎ去り、未来は未だ来ていない。今なすべきことを熱心になせ。

いい言葉ですね。「過去」は文字どおり「すでに過ぎ去ったもの」、「未来」も文字どおり「未だ来ていないもの」です。なのに我々は「過去に、ああすればよかった、こうすればよかった」と、どうにもならない過去を嘆きます。また「未来はこうあってほしい、ああなってほしい」と空想にふけります。

「今」という最も大事な瞬間を蔑《ないがし》ろにした生き方です。これでは人生が充実するはずがありません。我々は過去にも未来にも生きられません。自分の努力でどうにかできるのは「今」しかないので、ここに全神経を集中すべきなのです。

◉人身受け難し

では次に『華厳経《けごんぎょう》』の言葉を引用しましょう。これも「今を大切にせよ」ということを教えています。日本では「三帰依文《さんきえもん》」として有名な言葉です。

人身《じんしん》受け難し、今すでに受く。仏法《ぶっぽう》聞き難し、今すでに聞く。この身、今生《こんじょう》において度せずんば、さらにいずれの生においてかこの身を度せん。大衆もろともに至心に三宝《さんぼう》に帰依《きえ》し奉る。

【華厳経】
大乗仏教の代表的な経典の一つ。ブッダを毘盧遮那仏という仏が変化したものと捉える。日本にも伝わり、大きな影響を与えた。この経典を拠りどころとする宗派として華厳宗がある。

【三宝】
仏教徒が帰依すべき三つの宝である仏・法・僧のこと。仏とはさとりを開いた存在であるブッダなどの仏、法とは仏により説かれた教え、僧とはその教えに従い生活する集団をいう。

人として生まれることも仏の教えに出会うことも極めて難しいのですが、この二つの条件が今、幸運にもそろったのに、この千載一遇のチャンスを逃して、いつさとりに向けた努力をするのでしょうか。林修先生ではないですが、「いつやるの？　今でしょ！」です。今しかないのです。

『六祖壇経《ろくそだんきょう》』にも、こう説かれています。

謹白大衆　生死事大　無常迅速　各宜醒覚　慎勿放逸

（謹んで大衆に申す。生死《しょうじ》は事大にして、無常は迅速なり。各々醒覚し、放逸なることを勿《なか》れ）

これは禅寺などで修行僧の起床をうながすときに叩かれる板に書かれている言葉で、惰眠を貪ることを戒めています。私も総本山知恩院《ちおんいん》での加行《けぎょう》（修行）のとき、この文言とともに叩き起こされました。

【六祖壇経】
仏教の経典で、禅の大成や隆盛に大きく関係するとされる中国禅宗の第六祖・慧能（六三八―七一三）の説法集。禅宗の根本教典のひとつ。

◉諸行無常

前置きが長くなりましたが、ここでいよいよ法然の言葉を紹介しましょう。最初は叙情的な記述になりますが、内容がいいので、省略せずに載せます。

朝《あさ》に開いて咲きほこった花も、夕べの風に散りやすく、夕べに結んだ露も、朝の日に消えやすい。このことを知らないから、常に栄えていようと思い、このことを理解しないから、生き続けようと思う。そうしている間に、無常の心理が風のようにひとたび吹いて、肉身が露のように消えてしまえば、亡がらは広野に捨て、または遠い山に葬る。屍《かばね》はとうとう苔の下にうずもれ、魂はひとり虚空にさまよう。妻子や一族の者は、家にいるが連れ立って行くことも出来ず、七種の宝玉や数々の財宝が蔵に満ちていても、何の足しにもならない。ただ身につ

き従うものは後悔の涙だけである。

（三二－一）

悲しいかな、これが我々の生の現実です。だからこそ、人間として生まれ、仏の教えに出逢えたことに感謝し、解脱《げだつ》への努力を惜しんではならないのです。法然はこれを締めくくって、こう言います。

すみやかに迷いを離れる大事な道を求めて、むなしく迷いの世界に帰ってはならない。

（三二－一）

時代や地域は変わっても、これが、あらゆるものが変化し続けるという無常に対する仏教の基本姿勢なのです。

◉「諸行無常」のもう一つの側面

『平家物語《へいけものがたり》』の一節「祇園精舎の鐘の声、諸行無常の響きあり。娑羅

【平家物語】
平清盛を中心とする平氏一族の栄華と没落を描いた軍記物。

双樹の花の色、盛者必衰の理をあらはす。おごれる人も久しからず、ただ春の夜の夢の如し。猛き者も遂には滅びぬ、偏に風の前の塵に同じ」に親しんだ日本人は、諸行無常を「プラスのものがマイナスになる」というイメージでしかとらえられていません。

しかし、それは一面的な理解です。諸行無常は「物事が変化して止まない」ことを意味するのですから、その逆、すなわち「マイナスのものがプラスになる」という側面もあるのです。諸行無常だからこそ、練習すれば、できないことができるようになり、運動すれば、無駄な脂肪を減らして減量できるのです。

「過去↓現在」という視点で見れば、何も変えられませんが、「現在↓未来」という視点で見れば、今この瞬間の努力次第で未来は変えられます。だからブッダも法然も「今、あなたはどうするのか」を問うのです。何かを始めるのに遅すぎることはありません。まさに「思い立ったが吉日」です。

この本を読んでいるということは、皆さんは人間であり、なおかつ仏教という宗教と出会ったことを意味します。さあ、皆さんは幸運にも受け難き人身を受け、幸いにも逢い難き仏の教えと出逢いました。問題は「今」です。さあ、皆さんはどう行動しますか。そしていつ行動しますか。

「今でしょ！」

第二章

法然の説法に学ぶ

第1話

能力の有無でなく自分の道を歩む

阿波介の姿勢

最近はせっかちになり、何でもすぐに答えを出すことが求められます。教育の世界でも、効果の即効性が求められ、そのような教育方法のみがもてはやされますが、このような価値観で育った子どもは将来、どうなるのでしょうか。しっかりと腰を落ち着けて物事を考えることができなくなるのではないかと心配します。

能力には人それぞれに個人差があり、そのパフォーマンスにも差があるのは確かです。野球の大谷翔平を見れば明らかですね。しかし、能力の差にかかわらず、どんな人でも懸命になって一途に物事に当たれば、いつかは結果が出るものです。すぐに結果を出すことばかりを考えず、真摯に答えを求め続ければ結果は自ずと出ることを、法然の伝記から紹介しましょう。

◉阿波介という人物

法然の教えにはさまざまなタイプの人びとが帰依《きえ》しましたが、その中に阿波介《あわのすけ》という**陰陽師**《おんみょうじ》がいました。どんな人だったか、『新纂浄土宗大辞典《しんさんじょうどしゅうだいじてん》』から紹介しましょう。

阿波介は人の心を誑《たぶら》かし、謀《はかりごと》によって人の目を欺く、放逸にして邪見の者でした。富める長者であり、七珍万宝と七人の妻を得て、日に三度、妻たちを裸にして柱に縛って杖で叩き、その啼き声を酒の肴にしていたようです。

あるとき播磨国《はりまのくに》に行く途中で道に迷い、通常三日の道程に七日をかけました。今生《こんじょう》においても旅路には道案内が必要であるのだから、まして や浄土に往生《おうじょう》するには**善知識**《ぜんちしき》が必要であると思い至り、即座に道心《どうしん》（さ

【陰陽師】
一般には中世以降、民間で加持祈祷を行う者をいうが、阿波介は民間で占いをして、人を誑かし欺いていた。

【善知識】
浄土教では往生浄土や念仏の教えを説く導き手を指す。くわしくは三〇四頁。

とりを求める心）を発します。のち法然の弟子となり、聴聞の嬉しさの余り、財産を妻たちに等配したと言います。

◉法然の念仏と阿波介の念仏

一言で言えば、阿波介は悪人であり愚者なのですが、後に法然を継いで浄土宗第二祖となる聖光《しょうこう》に、法然はその阿波介と自分を比較して、次のように質問されました。

あの阿波介が称える念仏と、わたくし源空が称える念仏とでは、どちらが優れているでしょうか。（一九‐一）

ここでは悪人で愚者を代表する阿波介と浄土宗の宗祖である自分とを比較して、どちらの念仏が優れているかを聖光に訊いたのです。弟子から見れば、答えは自ずと「法然上人です」となりそうですね。聖光はその法然の真意を知りつつも、周りの弟子たちに対する教育的配慮から、わざと「当然のこととは言え、どうして阿波介の念仏が上人のお念仏と等しいと言えるでしょうか」（一九 - 一二）と答えました。

すると、法然は血相を変えて、こう言いました。

そもそも日頃より、浄土の教えについて何を聞いてきたのですか。あの阿波介も、どうか仏さま助けて下さい、と思って南無阿弥陀仏と称えています。源空《げんくう》も、どうか仏さま助けて下さい、と思って南無阿弥陀仏と称えているのです。まったく念仏に差別はないのです。

（一九 - 一二）

ここにも法然の教えの真髄が見事に説かれています。すでに説明したように、法然の仏教の特徴は、阿弥陀仏と凡夫《ぼんぶ》との二項対立が基軸であり、その中間に出家者《しゅっけしゃ》という存在は入ってきません。出家者といえども、阿弥陀仏に対しては救済の対象となる凡夫に含まれるので、法然の念仏と阿波介の念仏にはいかなる差も存在しないのです。徹底した平等思想ですね。

◉二連数珠の由来

話は変わりますが、日本の仏教では、葬式や法事の際に、宗派を問わず数珠《じゅず》を使用します。その用途はさまざまですが、浄土宗の場合、数珠は念仏の数を数える計算機の働きを持ちます。他宗と違う浄土宗の数珠の特徴は二つの輪を組み合わせた二連の形状ですが、この形は阿波介の故事によるとされます。伝記から紹介しましょう。

阿波介が百八の数珠を二つ持って念仏していたとき、ある人がその理由を尋ねると、「数珠の二本の房についた玉（弟子）を、ひっきりなしに上げ下げすれば糸の緒が痛みやすい。一つの数珠では念仏を称えながら繰り、もう一つの数珠では念仏の回数を数えて、積もった数を房の玉で数えるようにすると、緒が休まって傷まない」と答えたといいます。
それを聞いた法然は次のように阿波介を誉めました。

どのようなことでも、自分の心に深く思い入れていることについては、よい考えが出てくるものです。阿波介は、たいそう生まれつき鈍くて愚か者ではありますが、往生という重大な目的が心に染み込んでいるから、このようなことを思いついたのです。本当に巧みに考え出したものです。

（一九‐二）

確かに阿波介は悪人で愚か者でした。しかしそれでも、何とかしようと一途に思い定めることで、その解決策を見いだしたのでした。生まれつきの能力は関係ありません。問題は、諦めずに自分の求めることをとことん追究することなのです。

◉さとりを開いた愚者

日本の愚者に言及したので、インドの愚者にも言及しておきましょう。それはパンタカという仏弟子です。彼は愚者でありながら、ついにはさとりを開いた人物です。

彼は縁あって兄とともに出家しました。兄は聡明で利発だったので、出家するや直ちにさとりを開きました。一方のパンタカは、兄とは対照的に鈍根《どんこん》であり、経典の一節さえも記憶できませんでした。そんな弟を歯痒く感じた兄は、愚かな弟を叱責し、**還俗**《げんぞく》するように勧めます。

兄に叱られたパンタカは悲しくなり、精舎の外で泣いていました。そこにブッダが駆け寄ります。事情を聞くと、ブッダはパンタカを慰めて言いました。「おまえは経典を覚える必要はない。出家者が托鉢《たくはつ》（乞食《こつじき》）から帰ってきたら、『垢を払う。塵を払う』と唱えながら出家者の足を綺麗にしなさい」と伝えます。

【還俗】
一度出家して僧侶となった者が、もとの俗人に戻ること。

パンタカはブッダに指示されたとおり、「垢を払う。塵を払う」と唱えながら、托鉢から出家者が帰ってくるたびに、彼らの足を綺麗に拭いました。これを繰り返していると、パンタカはあることに気づきます。〈「垢を払う。塵を払う」とは、一体何の垢や塵を払うことなのだろうか。これは出家者の足に付着した垢や塵ではない。私の心に付着した垢や塵のことだ！〉と。これに気づいた瞬間、パンタカはさとりを開いたのでした。

◉求めよ、さらば与えられん

残念ながら、我々に与えられた能力は一律ではありません。英単語を一回聞いただけで覚える人もいれば、何回辞書を引いても記憶できない人もいます（私は明らかに後者です）。これだけ違えば、英語の試験で差がつくのも無理はありませんね。二刀流で成功する人もいれば、一刀流ですら成功しない人もいます。

しかし、諦めるのは早計です。阿波介やパンタカのように、最後まで諦めることなく一途に道を求めれば、いつかは必ず事は成就します。自分の能力を見かぎることなく、簡単に諦めることなく、道を求め続けましょう。詩人である**坂村真民**《さかむらしんみん》の言葉に「念ずれば花開く」という言葉があります。念じ続ければ、いつかは花開くと信じて、ともに努力を継続しようではありませんか。

【坂村真民】
1909-2006。日本の仏教詩人。本名、昂。時宗の祖・一遍上人の志に共感し、詩作を通じてその生き方を追い求めた。代表作「念ずれば花ひらく」は多くの人びとの共感を呼び、その詩碑が国内外に建てられている。

第2話 法然流コミュニケーションの極意 熊谷直実への対応

コミュニケーションほど難しいものはありませんね。我々は「コミュニケーション」と聞けば「言葉によるコミュニケーション」を想起しますが、実はコミュニケーションの道具は言葉だけではありません。言葉によるコミュニケーションと言葉によらないコミュニケーションの割合はどれくらいだと思いますか。

何とコミュニケーションの影響力は、言語情報が七％、聴覚情報が三八％、そして視覚情報が五五％だそうです。コミュニケーションにおいて言語情報が占める割合はたったの七％であり、我々は相手の口調・仕草・表情などから、より多くの情報を受け取っています。

ですから、たった七％の言語で他者に自分の思いを正しく伝えることは至難の業です。特に大事なのは「相手が誰か」という点。同じことを伝えるにしても、相手の性格によって伝え方／伝わり方は異なります。正論だからといって、何でもストレートに表現すればいいという訳ではないのです。

仏教は、相手の能力（機）に応じて法（教え）を説く「対機説法《たいきせっぽう》」を大事にします。これは法然も同じでした。では、今回はコミュニケーションをテーマに話を進めましょう。

◉言葉とは何か

まずは、コミュニケーションにおいて、言語の占める割合が少ない理由を考えてみましょう。

結論を先に言えば、その理由は「言葉」と「その言葉によって言い表される対象」がイコールではないからです。たとえば「リ・ン・ゴ」という言葉そのものと、その言葉によって言い表される「表面が赤くて、食べれば甘酸っぱい果実」とはイコールではありませんね。いわば言葉とは「モノやコトに張られたシール」のようなものです。

だから、砂糖の甘さを知らない人に、いくら言葉を駆使して砂糖の甘さを説明しようとしても、相手に砂糖の甘さを分からせることはできません。つまり、その言葉は相手には「伝わらない」のです。

「悲しくて言葉で表現できない」というのも矛盾です。なぜなら「言葉で表現できない」という〝言葉〟で自分の気持ちを表現しているからです。本当に言葉で表現できないなら、黙るしかないわけです。この「黙して語らず」という態度（視覚情報）こそ、その人の悲しみを最も饒舌に表現しています。

◉ブッダの対機説法

言葉の性質が分かったところで、ブッダの対機説法について見ていきましょう。説法と言っても、ブッダは常に言葉を使って説法したわけではありませんでした。その例を一つ紹介しましょう。

自分の子どもを幼くして亡くした母が救いを求め、ブッダのもとを訪れました。しかしブッダは彼女に教えを説いたのではなく、「村に戻って芥子粒《けしつぶ》をもらってきなさい」と命じました。彼女にすれば、ブッダは芥子粒を使って幼子を生き返らせてくれるとでも思ったのでしょう。喜んで村に引き返そうとする彼女に、「ただしその芥子の実は、葬式を一回も出したことのない家からもらってくるのだよ」と言い添えます。

村に戻った彼女は一件一件の家を巡り、芥子粒を求めます。芥子粒はあるのですが、葬式を一回も出したことのない家は一軒もありませんでした。こうして一軒一軒の家を回る中で、彼女はブッダの出した条件の意味に気づき始めます。ざわついた気持ちが静まるにつれ、「子どもであっても、生まれた者は必ず死ぬのだ」という真理が、凪いだ彼女の心に、ありありと像を結びはじめたのです。

彼女は、ブッダのもとに戻ってくるときには、すっかり落ち着きを取り戻し、**諸行無常**《しょぎょうむじょう》の理を見極めることができたのです。後に彼女は出家し、さとりを開くまでになりました。幼子を亡くした彼女に言葉を使って諭しても伝わらないので、ブッダは彼女の身体に働きかけたのです。まさに対機説法、相手に応じた説法です。

【諸行無常】
全ての物事は永遠に存在するものではなく、常に変化するものであるという教え。

◉熊谷直実に対する法然の説法

さて社会の階層を超え、様々な人が法然の教えに帰依《きえ》しましたが、その中には殺生を生業《なりわい》とする武士も少なからず含まれていました。その中でも有名なのが熊谷直実《くまがいなおざね》です。『平家物語《へいけものがたり》』によると、彼は我が子と変わらぬ歳の平敦盛《たいらのあつもり》の命を奪ったことが機縁となり、武士の身を嘆いて発心《ほっしん》し、法然の教えに帰依したとも言われています。

武士であった直実は短気・剛胆・強引であり、プライドが高くて負けず嫌いである反面、一途で純粋で、情にもろい性格でした。そのような性格の直実の対応に周囲の者たちは苦慮したようですが、法然は直実の性格を熟知し、教導しました。その一端を、法然が直実に宛てた消息《しょうそく》（手紙）を手がかりに紹介しましょう。

法然の教えの要は「念仏さえ申せば確実に往生《おうじょう》できる」というものですが、あまりにシンプルな教えゆえ、当時から念仏に加えてその他の行（諸行）も実践しなければ往生できないという考えも根強く残っていました。直実はまさにそのような考えを持つ一人で、特に仏教の生活規範ともいえる戒を守る持戒《じかい》にこだわりを持ち、法然に諸行について質問をしました。それに対し法然はそれを頭ごなしに否定するのではなく、「念仏を中心にするなら、諸行を加えてもよい」と書きました。直実の性格を熟知してのことです。

しかし、直実の立場を一旦は受け入れながらも、法然は「諸行も悪くはないが、基本的には一日に念仏を三万遍、五万遍、六万遍と申すことが確実な往生の方法である」と指摘します。この段階でも諸行を完全には否定しませんが、最終的には「一日に念仏を六万遍申したならば、いつたい他に何の行を実践できようか」と、諸行を実質的に否定したのでした。

そして最後に追い打ちをかけるように、「念仏を一心に申したならば、戒を守れなくても往生に差し障りはない」と述べ、直実が一番心配している持戒の問題を解決したのです。まずは相手の懐に入り、相手の立場は認めつつも、徐々に自らの立場を明らかにし、最後は包み隠さず自分の主張を述べています。見事と言うほかはありません。しかし、これは相手が直実だったからであり、他の人が相手の場合はストレートに念仏の専修《せんじゅ》を勧めています。

◉伝えようという意思が大事

これは法然の対機説法の一例ですが、我々も学ぶべきことがあるのではないでしょうか。正論を振りかざすのは簡単ですが、大事なのは自分の主張を相手に納得させること。そのためには、相手の性格を知り抜くことが重要です。

しかし、それ以上に大事なのは「伝えようとする意志」ではないでしょうか。これがなければ、何も始まりません。苦労のすえ、念仏往生の教えに確信を持った法然は、その喜びを他者に伝えたい一心で布教しました。法然の場合、この「本当に伝えたいこと（念仏往生の喜び）」が他者に教えを「伝えようとする意志」の土台にあります。

「本当に伝えたいこと」があれば、それは「伝えようとする意志」を育みます。そして、「伝えようとする意志」があれば、あとは「伝える相手を熟知し、どのように伝えるか」というテクニカルな問題になります。この土台なしにコミュニケーションは成立しないでしょう。

第3話 気配り力をみがく 津戸三郎為守への手紙

本書で何度か取り上げたように、人間にはミラーニューロンがあるので、他者に共感することもできるのですが、基本的に自己中心的です。自分の価値観でものごとを見て、自分の価値観に基づき判断します。自分がやっているときには気づきませんが、同じことを他人がやると、腹を立てますね。おかしなもので、自分のことは分からないのです。

これから未来に向けて、科学技術は人間のエゴを満足させ、増大させる方向に進みますから、ますます人間は自己中心的になっていくでしょう。この世で自分一人が暮らしているのなら、それでもいいでしょうが、自己中心的な人が複数暮らしていたらどうなるでしょうか。誰もが一つしかない〝中心〟の座を奪おうと、争いがおこります。

人間は社会的動物です。つまり、自分以外の他者と生活していかなければなりません。しかも、できることなら〝仲良く〟。では大勢の人が仲良く暮らしていくには、どうすればいいでしょうか。法然の考え方を参考にしてみましょう。

◉津戸三郎為守

伝記によれば、津戸三郎為守《つのとのさぶろうためもり》は武蔵国《むさしのくに》の御家人であり、源頼朝の挙兵に参加し、あちこちの合戦で忠義を尽くして大いに名を上げたようです。東大寺再建の落慶法要《らっけいほうよう》のために頼朝が都にのぼったときも為守はお供をして都に入りましたが、そのとき法然の庵室に参上し、合戦の罪を**懺悔**《さんげ》すると、法然の導きで敬虔《けいけん》な念仏者となったのでした。

彼は武蔵国に戻ってからも念仏を怠らなかったのですが、ある人が「熊谷入道《くまがいにゅうどう》や津戸三郎は愚か者だから、念仏を勧められたのだ。智慧《ちえ》ある者の行は、念仏に限るわけではない」と噂しているのを人づてに聞き

【懺悔】
犯した罪などを反省して告白すること、それによって許しを請うこと。仏教においては、「さんげ」といい、罪を滅し身を清めるための最も重要な行いの一つ。

ます。納得できない為守はいくつかの疑問を法然に書状で尋ねました。

このような誤解はほかにもよく出てきます。確かに「愚者であっても念仏だけで往生《おうじょう》できる」という教えは、当時の人びとにとってにわかには信じがたかったでしょう。逆に言えば、そこにこそ法然の教えの革新性があるのですが、ともかく為守は真偽のほどを法然に尋ねたのでした。

その書状を受け取った法然は為守に懇切丁寧な返信をしました。その中にはもちろん念仏往生の裏付けとなる教義的な話も含まれていますが、そのように疑義を呈する人や念仏の教えを非難する人への接し方も、あわせて説かれていますので、それを紹介しましょう。

◉法然の教訓

そこでは大きく二つの教訓が説かれています。一つは、念仏の教えを非難する人をかえって不憫《ふびん》と思うべきであり、何を言われても信心《しんじん》を揺るがせにしてはならないということです。念仏の教えを信じない人は仏でも力が及ばないから、そういう人を救済しようとするなら、早く浄土に参り、さとりを開いて再びこの世に戻って彼らを救済せよと言います。まずは自分が信心しっかりと保つことを強調します。

その一方で、法然は他者に対する配慮も忘れません。

念仏以外の修行をしている人、見解の異なる人に向かって、無理やりにお勧めになってはいけません。異なる見解や学問の人を見たら、これを尊び敬って、見下げたり見くびったりしてはならないとあります。（中略）教えをそしる人も信じない人も、強制しないでさとすのがよろしゅうございます。

（二八‐二）

この考え方は極めて重要です。ともすれば宗教は人を視野狭窄にしてしまいます。己が信じてすばらしいと思えば、それを人にも勧めたくなります。その気持ちは分かるのですが、私は私、他者は他者ですから、自分と価値観が同じではありません。食べ物にしても音楽にしても、価値観や趣味は人それぞれに違うものです。だからいくらよいと思われることでも強制はできないのです。

ここで法然は、念仏以外の行をよしとする人を「尊び敬え」とさえ言っていますが、これはなかなか言えることではありません。逆から見れば、これは自分の確立した教えに自信があるからこそ言える言葉ではないでしょうか。懐が深い！　法然の人間の器がいかに大きいかが分かるでしょう。

◉半端ない気配り

また法然は伝記の別の箇所で、念仏行者の心得を教示していますが、そこでは次のように述べています。

〈自分は、阿弥陀仏だけを頼りにしているのだ、念仏だけを信じて

いるのだ〉と主張して、ほかの仏や菩薩《ぼさつ》たちの慈悲深い誓願《せいがん》を軽んじ申したり、『法華経《ほけきょう》』や『般若経《はんにゃきょう》』等の立派な経典の数々を、劣っていると思ってそしるようなことは、決してしてはいけない。阿弥陀仏を信じているからといって、ほかのすべての仏を非難し、多くの聖《しょう》教《ぎょう》を疑いそしることは、信心がひねくれているのであろう。

（二一-三）

ここも同じ趣旨です。ちゃんと他者の立場に立ち、他者の価値観を尊重する態度が確認できますね。

また他にも、念仏をとなえる際の声の出し方について、他者に対する配慮をみせています。天台宗《てんだい》の僧侶であった禅勝房《ぜんしょうぼう》は熊谷直実《くまがいなおざね》の紹介で法然を訪れ、さまざまな質問をします。

その中には念仏は声に出してとなえるのがよいか、心の中で念ずるのがよいかという質問があり、それに対して法然は、声に出すのが基本だが、「周りの人が気分を害するのをわきまえず、大きな声で称えることはよくありません」（四五 - 二）と答えています。周囲への配慮や気配りが半端ないですね。

◉愚者の自覚

今回は自己中心性をテーマに話を進めてきました。自分中心の目線から いったん離れて他者の目線で客観的にものごとを見ることの重要性を、法然は教えてくれています。法然のような業績を達成した人なら、傲慢になったり尊大になったりするのが普通ですが、法然はその正反対を行きました。

「実るほど　頭《こうべ》を垂れる　稲穂かな」という句がありますが、法然はまさにそれを自分の人生全体で表現したのではないでしょうか。ここに私は法然の人間的魅力を見て取ります。三学《さんがく》すべてを誰よりも極めながら、自らを「三学非器《さんがくひき》」と評した法然は、「謙虚」そのものです。

大胆細心とでもいうのでしょうか、死を賭しても念仏の教えを弘めようという気概を持ちながらも、念仏の声の出し方にまで細心の注意を払う。多くの人びとが彼を慕ったのも頷けます。

エゴが肥大化し、自己中心的な人間が多くなるであろうこれからの社会において、この謙虚さを保つには何が必要でしょうか。それは「愚者の自覚」しかありません。浄土宗の劈頭宣言《へきとうせんげん》の最初に掲げられていますね。常に自己を省察し、謙虚さを忘れずに生活したいものです。「智者の振る舞いをせずしてただ一向に念仏すべし」。最後はやはりここに帰着するようです。

【浄土宗二一世紀劈頭宣言】
浄土宗が二一世紀の教化の精神的支柱として、平成一三年(二〇〇一)に発表した宣言。「愚者の自覚を 家庭にみ仏の光を 社会に慈しみを 世界に共生を」。

第4話

人目のないところでこそ努力を

天野四郎のエピソード

「見栄を張ったことがない」という人は、いないでしょう。私も含め、誰しも自分はかわいいですから、その自分を少しでもよく見せようと、必要以上に、あるいは実力以上に自分をアピールしようとします。これを「虚栄《きょえい》」ともいいます。

人が見栄を張っているのを見ると、何とも嫌な気分になりますが、それと同じように、自分が見栄を張ると、他者も自分と同じように嫌な気分を味わっているに違いありません。

その一方で、誰かから誉められることを期待するのではなく、黙々と陰で善行を実践する〝菩薩《ぼさつ》〟のような人もいます。宮沢賢治の詩「雨ニモマケズ」で彼自身が理想とした人、すなわち、すべての人のためにいろいろと尽力しながらも、皆からは「でくのぼう」呼ばれ、誉められもせず、苦にもされないような人です。これは『法華経《ほけきょう》』に登場する**常不軽菩薩**《じょうふきょうぼさつ》がモデルになっていますが、ともかく、このような人がわずかとはいえ、存在するのも確かです。

ではこれをふまえ、見栄や虚栄に対する法然の見解を、天野四郎《あまのしろう》とのやりとりから見てみましょう。

◉天野四郎

彼は河内国《かわちのくに》出身の強盗の親分であり、人を殺し財産を盗むことを仕事にして生きていましたが、老いてから法然に帰依《きえ》して出家《しゅっけ》すると、教阿弥陀《きょうあみだ》と名乗っていました。いつも法然の側で教えを受けていましたが、法然が真夜中に起きて、人知れず念仏していると思われることがあったので、教阿弥陀が咳払いをすると、法然はすぐに床につくということが

【常不軽菩薩】 軽蔑や迫害にもめげず、あらゆる人に、「私はあなたを軽視しない、あなた方は皆修行して仏になる人びとだから」と言い続けたという菩薩。釈尊の前世の姿であるとされる。

あったようです。

後に教阿弥陀は暇《いとま》を乞うて関東に下向する旨を伝え、別離の前に最後の教えを請うと、先日の法然の念仏が話題になりました。法然が「私が真夜中に念仏していたのを、あなたは聞きましたか」と尋ねると、教阿弥陀は「うとうとしながら念仏されていると思いました」と応えました。

そこで法然は次のように諭しました。

うわべをよく見せようという心で称える念仏では往生《おうじょう》できません。必ず往生しようと思うなら、うわべを飾る心ではなく、真実の心で称えなければなりません。（中略）いつも人と交わって、静まる心もなく外見を飾る心がある人は、深夜になり自分を見る人も聞く人もいない時、こっそり起きていて、百遍でも千遍でも、数の多少は思いのまま、にして称える念仏だけが、外見を飾る心がないので、仏の意思に適って間違いなく往生を遂げるでしょう。（二〇‐一）

この発言から、先日の夜に人知れず念仏をとなえていた法然は、教阿弥陀の存在に気づいたので、念仏を止めて床についたことが分かりますね。さて、それを聞いた教阿弥陀は、「では人の前で念仏をとなえてはいけないのでしょうか」と法然に問い返します。私も同じ疑問を持ちました。それに対して法然は、「それも間違っています」と前置きし、次のように答えます。

真実の心の人が、往生しようと思って念仏に帰依したのならば、どのような場所やどのような人の前で念仏を称えても、少しもうわべを飾る心があるはずもないでしょうから、これは真実心から称える念仏であって、必ず往生できます。どうしてこのように称える念仏を禁じるでしょうか。

(二〇 - 一)

つまり、念仏をとなえる際に重要なのは、その念仏者の〝心〟ということになります。その心が〝真実〟であるかどうか。真実でありさえあれば、人前であるとかないとかいうことは問題にならないということです。

質問はさらに続きますが、この二つで法然仏教の要諦はすべて説明されているので省略します。これを聞いた教阿弥陀は踊るかのように喜び、法然に合掌礼拝《らいはい》して退出したのでした。

◉至誠心

真実の心が問題になったので、ここでは「三心《さんじん》」について考えてみましょう。

善導は往生に必要な要件を三心と念仏に絞り込みました。それを受けた法然は、念仏をとなえる中で三心は自ずと具わると考えました。いずれにせよ、往生浄土のために三心は必要であることが分かります。三心とは、至誠心《しじょうしん》（真実の心）・深心《じんしん》（深く信じる心）・回向発願心《えこうほつがんしん》（往生

内	真	外	真	◎
	真		偽	△
	偽		真	×
	偽		偽	×

を願う心）の三つですが、この至誠心が、さきほど話題にした真実の心なのです。

法然は『選択集《せんちゃくしゅう》』の中で、真実心を図のように「偽／真」「内／外」という観点から、四つに分析してます。一番望ましいのは「内も外も真」、一番望ましくないのは「内も外も偽」と分かりやすいですね。一方、内と外とが一致していない「内は真で、外は偽」と「内は偽で、外は真」のうち、「内は偽で、外は真」はダメです。これが最初に問題にした「見栄／虚栄」です。

◉善事を隠し、悪事を顕わにして生きよ

こうしてみると、問題は「内が真かどうか」です。内が真であれば、外は真であろうが偽であろうが、問題ないということになりそうです。見栄を張りがちな人の対処法としては、この「内は真で、外は偽」という生き方が有効かもしれません。これについては、ブッダの教えを参考にしましょう。

私はインドの仏教説話文献を専門に研究していますが、その中で散見するフレーズがあります。それが「善事を隠し、悪事を顕わにして生きよ」です。修行が進むと不思議な能力（神通力《じんずうりき》）が自ずと具わるので、当時はそれを在家信者に見せびらかす弟子もいたようですが、このフレーズはブッダがそれを厳しく戒めた言葉です。

最初に指摘したように、我々はこの言葉の逆で生きています。ブッダはそれを見越したかのように、現代人にも通用するメッセージを残して

いたのではないでしょうか。ブッダ、恐るべし！

「悪事を顕わにする」、つまり自分の欠点を他者にさらけ出すことは困難です。私にも人に言えない悪事が胸の奥にしまい込んであり、人前に晒すことは一生ないでしょう。でもちゃんと仏前では懺悔《さんげ》しています。

一方で、「善事を隠す」ことはそれほど難しくありません。善いことをしても、それを他者にアピールするのではなく、さりげなく行って黙っておく、これならできそうですね。人知れずとなえた念仏でも、仏はそれをちゃんと聞いてくださいます。同様に、人知れず行った善事も、仏はそれをちゃんと見てくださいます。それで充分ではないですか。

◉陰徳を積む

「陰徳を積む」という言葉があります。人知れずに善行に励むことです。ここであらためて宮沢賢治の詩を全文紹介し、私のヘタな解説は抜きにして、詩に説かれている「陰徳」を最後に味わってみましょう。

雨にも負けず　風にも負けず　雪にも夏の暑さにも負けぬ　丈夫なか
らだを持ち
欲は無く　決して瞋からず　何時も静かに笑っている
一日に玄米四合と　味噌と少しの野菜を食べ　あらゆる事を自分を勘
定に入れずに
良く見聞きし判り　そして忘れず　野原の松の林の影の　小さな萱葺
きの小屋に居て
東に病気の子供あれば　行って看病してやり
西に疲れた母あれば　行ってその稲の束を背負い
南に死にそうな人あれば　行って怖がらなくても良いと言い
北に喧嘩や訴訟があれば　つまらないからやめろと言い
日照りのときは涙を流し　寒さの夏はオロオロ歩き
皆にデクノボーと呼ばれ　誉められもせず苦にもされず
そういう者に　私はなりたい

第5話

判断の物差しを使い分ける　聖如房への手紙

日々の生活で、「優先順位」は大事です。締め切りやコトの重要性を判断しながら、何を先にし、何を後回しにするかを決めて、我々は日々生活をしています。これを間違うと、トラブルの原因になりますね。

また優先順位を考える際に大事なのが、その人の価値判断、あるいは価値基準です。同じことをするにも、この違いによって、取る行動に違いが出ます。たとえば、同じ山に登るにも、時間を最短にして険しい道を登り、早く山頂に辿り着きたい人もいれば、時間をかけて周囲の景色を楽しみながら、なだらかな道をゆっくりと登るのが好きな人もいます。では法然の価値観はどうだったでしょうか。

◉聖如房

聖如房《しょうにょぼう》は、後白河法皇の第三皇女である式子内親王の出家名と考えられてまいます。「承如房」あるいは「正如房」ともいいますが、ここでは伝記の記述に従い、「聖如房」と表記します。日本文学研究者の石丸晶子は、聖如房の恋人は法然であったと断じ、哲学者の梅原猛は、法然も聖如房に恋をしたと論じています。片思いか両思いかは別にして、二人の間には何らかの恋愛感情があったようですが、これを前提に、臨終《りんじゅう》を迎えた聖如房と法然とのやりとりを見ていきましょう。

法然に深く帰依《きえ》していた聖如房は、臨終が近づくと、「もう一度、法然上人にお会いしたい」と申し出ました。恋心を抱いていたとすれば、聖如房が今生の別れに際し、最後に法然に逢いたいと思う心情はよく理解できます。さて、その申し出を受けた法然はどのような行動をとったのでしょうか。私なら飛んで駆けつけると思いますが……。

そのとき、法然はちょうど**別時念仏**《べつじねんぶつ》の最中だったので、自分の正直な気持ちを手紙にしたためました。かなり長い手紙ですが、かいつまんでその内容を紹介します。

あれこれ考えず、お聞きしたままに参上して、お目にかかりたいと存じますが、かたく心に決めて、しばらく外出せずに念仏を称えたいものだと思い、念仏を始めておりますが、それも事情によることであります。この念仏をやめてでも参上しなければいけないのでしょうが、もう一度思案いたしますと、結局のところ、この世での対面はどうであってもよいことです。対面すれば、かえって亡きがらに思いを残す迷いともなりましょう。（一九‐四）

法然の態度を冷たく感じる人も少なくないのではないでしょうか。私もその一人です。ではその理由を考えてみましょう。それは、モノの見

【別時念仏】場所期間を決めてひたすら念仏をとなえ続けること。法然は念仏を怠ける気持ちを正すために時々は別時念仏をすべきだとしている。

方に世間的な価値観と出世間的な価値観の二つがあるからです。これを二本の「物差し」と呼んでもいいでしょう。同じ長さを測っても、その指し示す値が二本の物差しで異なってしまうのです。

たとえば、勉学に励み、戒律を保ち、多額の布施《ふせ》を僧団に寄付するという善業を積みながらも阿弥陀仏に信を抱かない人と、学がなく愚かで、戒律も保たず、貧しいために僧団に布施はできないけれども、阿弥陀仏に信を抱き、往生《おうじょう》を願って心から念仏をとなえる人を比べたとき、世間的に称讃されるのは前者ですが、極楽に往生できるのは明らかに後者です。道徳的な価値観の強い人がこれを聞けば、違和感を感じるでしょう。

◉倫理と宗教

では、さらに一歩踏み込んで、世間的な価値観を「倫理（道徳）」、出世間的な価値観を「宗教」に置き換え、倫理と宗教の関係を考えてみましょう。

倫理が機能していない世界は、恐くて生活できません。では倫理だけで人間は幸せになれるかというと、そうではありません。なぜなら倫理は一〇〇%機能していないからです。悪事を働きながら楽しい生活を享受する人がいる一方で、実直に働きながら辛酸をなめるような生活をする人もいますね。このような過酷な現実を目の当たりにしたとき、やるせなさを感じるのは私だけではないでしょう。

倫理が一〇〇%機能しない世界を何とか生きていくために、倫理の物差しに加え、宗教の物差しが必要になるのではないでしょうか。倫理の網から漏れる人びとを、宗教のセーフティーネットが最後の最後に救ってくれるのです。

仏教であれば極楽浄土や阿弥陀仏、キリスト教であれば神や天国など、宗教は科学では証明できない存在を前提とします。だから「怪しい」と言われることもありますが、仏教にせよキリスト教にせよ、その〝怪しい〟宗教が今だに信仰され、人びとの心の支えになっているのには、そのような理由があるからではないでしょうか。

不完全な人間が暮らすこの世界は「娑婆《しゃば》」と言われます。これはインド語の「サハー」を音写した言葉で、「忍土（耐え忍ぶ場所）」という意味です。この娑婆でさまざまな苦難に耐え忍びながら生きていくには、倫理という物差しと宗教という物差しの二本を巧みに使い分ける必要がありそうです。倫理を無視しては日常生活自体が成り立ちませんが、その一方で、倫理だけでは納得できない過酷な現実を宗教によって腹に収めていくのが、現実の生活ではないでしょうか。

◉法然の手紙

では、再び法然の手紙に戻りましょう。さきほど引用した文章の後、法然は次のように言います。

必ずや同じ阿弥陀仏の浄土に生まれ合わせて、浄土の蓮台《れんだい》の上で、

この世での憂鬱なことや前世からの関わりを一緒に語り合い、お互いに来世で教化し合い助けることが、本当に大事なことでありますと、初めから申しておきました（19－4）。

この世の娑婆で逢うことよりも、浄土に往生してから互いに逢うことの方が本質的な出逢いであり、重要であることを法然は説いています。今生で最後の再会を果たすよりも、往生のための念仏をとなえることが、お互いにとって最も優先すべき行為だと判断したのでしょう。

法然に会えなかったのは辛かったでしょうが、この手紙を受け取った聖如房は、念仏往生の本質を法然から突きつけられて、より深く念仏に集中できたのではないかと愚考します。この後、法然は「今からは一声の念仏も残さず、すべてをあなたの極楽往生の手助けになるよう功徳《くどく》を振り向け申し上げます」（一九－四）と彼女を励まします。法然との再会を果たせなかったとしても、これほど彼女の励みになる言葉はなかったのではないでしょうか。

◉本質を見極める

法然も煩悩を具《そな》えた凡夫です。彼女に逢えば、法然自身が吐露《とろ》しているように、「思いを残す迷い」になると考え、心を鬼にして彼女と会うことを断念し、手紙で彼女に対する思いを伝えたのではないでしょうか。

我々は煩悩ゆえに、明日の大利よりも目先の小利を優先させてしまいがちです。しかし、この時の法然のように「本質は何か」を常に見極め、それに沿った判断や行動を心がけるべきです。法然仏教を奉じる者にとって、優先事項は「念仏」です。これ以外にありません。これを私たちのバックボーン（信条）として、一本筋の通った生活を貫きたいものです。

第6話

「誰も取り残さない」という考え

尼女房たちからの質問

男尊女卑の考え方は世界中に根強く残り、女性の社会進出は遅れていました。しかし、最近では国のリーダーとしても女性が活躍するようになり、世界では国会議員や社長などとしても女性が力を発揮しています。それに比べると、残念ながら日本はかなりの後進国と言わなければなりません。**男女共同参画社会基本法**《だんじょきょうどうさんかくしゃかいきほんほう》が一九九九年に公布されましたが、理想にはほど遠い現状です。

では仏教の世界において、男女の格差はどのように考えられていたのでしょうか。平等性を重視する仏教における女性の成仏《じょうぶつ》や往生《おうじょう》の問題、そして何より法然がこの問題といかに対峙したかを考えてみましょう。

【男女共同参画社会基本法】
男女平等の推進を目的として、男女が均等に政治的、経済的、社会的、文化的な利益と責任を共に担う社会を目指すことを規定した法律。

◉尼僧教団の誕生と五障三従

法然の問題に立ち入る前に、まずはインド仏教の事情について述べておきます。

本来、仏教教団は男性のみで構成された男性社会でした。しかし、ブッダの養母マハープラジャーパティーが出家《しゅっけ》を望んだので、ブッダの侍者《じしゃ》であるアーナンダが仲介役となってブッダにとりなし、ブッダは女性の出家を認めたために、尼僧教団《にそうきょうだん》が誕生したのでした。

しかし、女性の守るべき戒律の数は、男性の二五〇に対して、三四八あるので、これを以て仏教は女性差別をしていると考える研究者もいます。その是非はともかく、ブッダの時代、さとりを開いた女性の出家者はかなりいたので、さとりに関して男女の差はなかったと考えて間違いありません。

ところがブッダが亡くなった後の時代の仏教では、「女性は仏になれない」という考え方が支配的になりました。それが「五障三従《ごしょうさんじゅう》の教え」です。女性には五つの障りがあり、また生まれてから死ぬまで、男性に従わなければならないというのです。

「五障」とは、梵天《ぼんてん》・帝釈天《たいしゃくてん》・魔王・転輪聖王《てんりんじょうおう》・仏の五つにはなれないことを意味します。他はいいとして、仏になれないのは問題です。

また「三従」とは、「幼少期は父に、嫁《か》しては夫に、老いては息子に従え」という教えです。一生涯、男性に従うので、女性にはまったく自由がないことになりますね。

◉三十二相と大乗仏教

ではなぜ、「女性が仏になれない」という考えが出てきたのでしょうか。その理由を考えてみましょう。「仏は三十二相を具《そな》えている」という考えが初期の段階で成立していました。「三十二相」とは「仏だけが具えている三二の身体的特徴」のことです。その中には白毫相《びゃくごうそう》（眉間にある白い巻き毛）や肉髻相《にっけいそう》（隆起した頭頂部）など、実際の仏像製作に反映されている特徴もありますが、その中に馬陰蔵相《めおんぞうそう》があります。

これは男根が馬のように体内に収納されており、外からは見えないという相です。これは外からは見えなくとも、男根はあること、つまり男性であることが仏になる条件となります。よって、女性はこの相を欠くことになるので、仏になれないと説かれるようになったと考えられます。

しかし、万人の往生を理念とする大乗《だいじょう》仏教は女性を放っておくことができず、女性の成仏や往生を認める方向に舵をきりました。ただし、従来の「女性は仏になれない」という考え方は根強く残っていたので、この二つの矛盾を解消すべく、「変成男子《へんじょうなんし》」の思想を生み出しました。つまり女性は男性に変身してから仏になるというものです。

男性への変身の仕方も二つの方法があります。一つはこの世で性転換するという方法、もう一つは、死後、男性に生まれ変わってから成仏するという方法ですが、浄土教は明らかに後者です。ではこれを踏まえて、法然の考え方を見ていきましょう。

◉法然と女人往生

阿弥陀仏や極楽浄土について説かれた『無量寿経《むりょうじゅきょう》』という経典には、法蔵《ほうぞう》という菩薩《ぼさつ》が世自在王《せじざいおう》という仏の前で四八の**誓願**《せいがん》を立て、その誓願を実現させるために修行して阿弥陀仏になった経緯が説かれていますが、その三五番目の誓願が「女人往生願《にょにんおうじょうがん》」と呼ばれています。法蔵菩薩は、「女性も男性に生まれ変わることで極楽に往生させたい。この願が成就しなければ仏にならない」と誓って、阿弥陀仏になったのですから、女性も往生できることは確定しているのです。

法然はこの願を註釈し、インドでは五障の教え、また日本では比叡山《ひえいざん》や**高野山**《こうやさん》で女人結界の場所があることに触れ、女性が差別されている現状に言及しながら、この『無量寿経』の第三十五願の意義を説いています。では問題の箇所を見てみましょう。

【誓願】
菩薩がいのちあるものを救済するなどの誓いを立てること。総願と別願に分けられ、ここでいう阿弥陀仏の誓願は各菩薩がそれぞれの個性にあわせて立てるべき個別の誓願である別願にあたり、四十八願とよばれる。

【高野山】
和歌山県伊都郡高野町にある山々の総称。また高野山真言宗の総本山である金剛峯寺の山号。かつては一定区域を除いて女性の入場を禁じていた。

ある時、品のよい様子の尼女房たちが吉水の御房を訪ねて、「罪深い女性であっても、念仏さえ称えれば極楽浄土へ参りますというのは、本当のことでしょうか」と尋ねたので、上人は『無量寿経釈《むりょうじゅきょうしゃく》』の趣旨を丁寧に説明されて、第十八願《だいじゅうはちがん》に対して疑いが起こらないようにするため、阿弥陀仏が特別に女人往生の願をお立てになったことは、本当に頼もしくありがたいことだと教えられたので、尼女房たちは喜びの涙を流し、そろって念仏の信仰に入ったという。（一八－三）

「尼女房（在家のまま髪を下ろして、仏門に帰依《きえ》した女性）」をはじめ、成仏や往生の道が閉ざされていた当時の女性に、法然のこの言葉は無上の癒しを与えたことでしょう。絶望が希望に変わった彼女たちの気持ちが分かるような気がします。法然は女性にもちゃんと寄り添っていたのですね。

また法然は『**念仏往生要義抄**《ねんぶつおうじょうようぎしょう》』で、「五念で五障を、三念で三従を消

【**無量寿経釈**】法然撰。一一九〇年、法然が東大寺において「浄土三部経」を講説した際の講義録を『三部経釈』といい、そのうち『無量寿経』に対する註釈部分をいう。

【**第十八願**】念仏往生願とも。あらゆる世界の生きとし生けるものが、本心から極楽浄土へ往生することを願い、十回念仏をとなえれば必ず往生させるというもので、念仏による往生の根拠となる。

滅せよ」と、「五障三従」を念仏で滅すとも説いています。さらに、真宗の存覚《ぞんかく》撰『女人往生聞書《にょにんおうじょうききがき》』には、法然が女性に次のように説法したことが伝わっています。

「このような女性は阿弥陀仏の本願を頼りとし、西方の浄土に往生しなくては、長時を経ても女性の身を転じ〔て男性にな〕ることは難しく、無量の世においても成仏は実現しがたい。（中略）阿弥陀仏の本願《ほんがん》に逢って、名号《みょうごう》を唱え、〔阿弥陀仏の〕誓願《せいがん》をあてにするがゆえに、息が絶え眼が閉じるとき、女性の身を転じて男性となり、穢土《えど》を離れて浄土に往生し、一瞬にして安らかな往生を遂げ、長きにわたって無量の功徳《くどく》を受けることは、喜びの中の喜びではないか」（中略）このように〔上人が〕仰ると、その座に連なっていた女性は、慚愧《ざんき》のあまり大泣きし、随喜《ずいき》の涙を流した。

【念仏往生要義抄】法然述。念仏往生のために重要な内容を記した書。

【存覚】一二九〇―一三七三。本願寺三代宗主覚如の長男。仏教的、浄土教的な広い視点に立ち、時代の要請にどう応ずるかなどの立場で親鸞教義を解釈した。

【穢土】浄土に対する迷いの世界の世界の総称。また、この現実世界を指していう。

◉誰も取り残さない

大乗仏教は「平等性」を重視します。「誰も取り残さない（No one is left behind）」という理念です。これは今でこそＳＤＧｓのスローガンになっていますが、『観無量寿経《かんむりょうじゅきょう》』は今からずいぶん前に「（阿弥陀仏の）光明《こうみょう》は遍《あまね》く十方《じっぽう》の世界を照らし、念仏の衆生《しゅじょう》を摂取《せっしゅ》して捨てたまわず」という理念を打ち出していました。誰も取り残さず、皆を平等に救済しようというのが阿弥陀仏の誓いなのです。

法然もこの理念に基づき、『無量寿経』の第三十五願の意義を女性に説明することで、女性も阿弥陀仏の救済の網から漏れていないことを力説したのでした。完全に実現することは難しいですが、これからの社会で「摂取して捨てたまわず（誰も取り残さない）」は忘れてはならない重要な理念になるでしょう。

【ＳＤＧｓ】
持続可能な開発目標の略称。二〇一五年九月二五日に国連総会で採択された一七の国際目標。

第7話 リーダーが持つべき考え方 庶民からの問い

リーダーとは何でしょうか。辞書的な意味は「導く人」ですから、皆の先頭に立って集団を導き、率いる人を意味します。またそのリーダーが発揮する力を「リーダーシップ（統率力）」と言います。最近では、さまざまなリーダーが説かれるようになり、「サーバント・リーダーシップ」も存在します。これは「前から引っ張る」よりは、「後ろから押す」リーダーシップと言えるでしょう。

世の中にはさまざまなリーダーがいて、どのようなリーダーが一番いいかは一概に決められませんが、真のリーダーは決して高圧的ではなく、どんな人の意見にも耳を傾け、またどんな人にも寄り添える人ではないでしょうか。これができなければ、最終的に組織をまとめ、組織の構成員を統率することはできませんが、法然はまさにそのようなリーダーでした。リーダーを目指す人も、法然から学ぶべきことは多いのではないでしょうか。

◉『一百四十五箇条問答』

では、『一百四十五箇条問答《いっぴゃくしじゅうごかじょうもんどう》』を手がかりに、この問題を考えてみましょう。この文献は、庶民が日常生活で抱く質問に対し、法然が簡潔かつ適切に答えている点が特徴です。

法然仏教では念仏で往生《おうじょう》することがすべてですが、そのシンプルな教えゆえに、念仏の教えがさまざまな日本古来の因襲《いんしゅう》や禁忌《きんき》とバッティングしないのかどうか、あるいは仏教の教えが神道の「物忌《ものい》み」に抵触しないのかどうか、庶民は気になってしようがありませんでした。専門家から見れば取るに足りない質問にも、法然は彼らの目線にたって懇切丁寧に答えています。では、その幾つかを紹介しましょう。

◉物忌みの否定

『一百四十五箇条問答』にはさまざまな物忌みが散見し、いかに当時の人びとがこれを気にかけていたかが分かります。たとえば、以下のような懸念です。

①七歳までの子どもが死んだ場合、物忌みしなくてよいと言われていますが、どうでしょうか（三六番目）
②物忌みの日に社寺に参拝するのはどうでしょうか（六四番目）
③月経があるときに、経を読むのはいかがでしょうか（七五番目）
④月経の間、神の御供えとして経を読むことは差し支えないでしょうか（七八番目）
⑤子を産んで神仏にお参りするのは、百日間はさわりがあるというのは本当でしょうか（七九番目）

これらの質問に対する法然の答えは明確です。①に対しては、「仏教には物忌みはありません。それは世間で言っているだけです」と答えています。他の問いに対しても、基本姿勢はこれと同じですね。すべてを否定していきます。法然は当時の常識となっていた物忌みをあっさりと否定しますが、神社への参拝や神を拝むこと自体を否定しているわけではありません。

法然の著作を見ると、神祇への参拝を肯定的に説く場合と否定的に説く場合がありますが、では、これをいかに解釈すべきでしょうか。本章第3話で津戸三郎為守《つのとのさぶろうためもり》を取り上げましたが、ここでは法然が彼に宛てた手紙に注目してみましょう。

この世の祈りとして、仏にも神にも祈念申し上げることはいっこうに差し支えないことでありましょう。後生の往生を願って、念仏のほかに別の行をすることこそ、念仏を妨げることになるので、よくない

ことでございます。現世利益《げんぜりやく》を目的とした行は、往生を願ってのことではないので、それを仏神に祈ってもまったく構わないのです。

浄土往生に神祇が関わる場合は否定的になるし、そうでない場合は肯定的になります。よって、浄土往生に関してのみ「神祇不拝」は問題になります。法然の最重要関心事である来世での浄土往生に関しては念仏しかありえず、そこに神の関与を認めません。しかし、最重要事項（念仏往生）に抵触しない限りは、ギリギリまで庶民の立場に立つというのが法然の基本スタンスと言えるのではないでしょうか。

◉迷信の否定

では次に、迷信に対する法然の見解を見ていきましょう。三九番目には「父や母よりも先に死ぬことは、罪であるというのは、いかがでしょうか」という質問があります。これは現代の日本でもよく聞く迷信の類いではないでしょうか。これは一般に「逆縁」と言われ、先に死んだ子は「親不孝」と非難されることもあります。このような考え方は古代からあったのですね。それに対し、法然は「死ぬことは、この世の定め、どちらが先に亡くなるかは人間の力の及ばないものです。」と答えています。

当時は今以上に子が先に亡くなるケースが多かったと推察されます。愛する我が子を先に失い、それに追い打ちをかけるように周囲の者から「親に先立つ不孝者」と言われたら、両親は堪ったものではありません。この法然の言葉は、子を先に亡くした両親にとって、大きな慰めになったのではないでしょうか。

また「亡くなった人の髪の毛は、剃るべきでしょうか」（六八番目）という質問に対し、法然は「必ずしも、そのようにしなければならないということはありません」と答えています。これは葬送の際の遺体処理に関する質問と思われますが、貧しい人びとは葬送もままならなかったので、そのような人はあえてそうしなくてもよいと法然は答えたのでした。

◉善知識の否定

では最後に、善知識《ぜんちしき》に関する問答（六六番目）を見てみましょう。

「臨終《りんじゅう》のときに、善知識に遇うことができなくても、日頃の念仏で往生できるでしょうか」という問いに対し、「善知識に遇わなくても、臨終が思うようにならなくても、念仏を申せば往生します」と法然は答えます。

「善知識」とは初期経典では「善き友」というほどの意味ですが、浄土教では往生浄土や念仏の教えを説く導き手を指します。たとえば、『観無量寿経《かんむりょうじゅきょう》』の**下品下生**《げぼんげしょう》では、善知識が「臨終者に対してあれこれと教示し、念仏をとなえさせる人」として描かれています。簡単に言えば、在家信者にとっての僧侶と考えていいでしょう。

【下品下生】
『観無量寿経』の中で、人びとの善悪などの行為に応じた九通りの浄土往生の位を示した九品のうちで最も低く、父母や聖者を殺す、仏を傷つけるなどの罪を犯しながらも、臨終の間際に念仏をとなえる人について述べられる部分。

この質問から、当時の日本でも誰かが臨終者に付き添い、往生の導き手となっていたこと、また往生浄土にはそのような存在が必要だと考えられていたことなどが分かりますが、法然はそれもきっぱりと否定します。

個人の救済は究極的に「私と阿弥陀仏」の直接的な関係が重要であり、その間に善知識の存在などは不要と法然は考えたのでした。ここでも当時の常識を覆し、念仏往生の本質を優しくも力強く答えていることが分かりますね。

◉懐の深さ

法然は自らを「三学非器《さんがくひき》」と評価しましたが、何度も指摘しているように、我々から見れば三学のすべてを具《そな》えている偉人です。鎌倉時代に新たな仏教を切り拓く先駆的業績を残したのですから、当然ですね。

しかし、その一方で、本話で見たように、社会の底辺であえぐ庶民の声にも真摯に耳を傾け、彼らの素朴な質問に対し、丁寧な返答を行ったのでした。これこそまさに法然の「懐の深さ」ではないでしょうか。ここにも法然の魅力を感じ取ることができます。これからリーダーを目指す人は、是非とも真似てほしいところです。

終章

法然仏教と現代社会

第1話
これからの社会はどこに向かうのか

◉自我の肥大化

第一章第6話で紹介したように、現代はＶＵＣＡの時代と言われます。それを象徴するのが、二〇二〇年に始まったコロナ禍だったのではないでしょうか。昏迷の時代を象徴する出来事でした。

これから社会はどのような方向に進むのでしょうか。それを知る一つの方法は歴史を学ぶことです。歴史を学べば、過去から現在に向かって時代はどのように進んできたかが分かります。そして、過去から現在の方向性（ベクトル）が理解できれば、現在から未来への方向性もある程度、予想できますね。ここでは科学技術の進歩とエゴの関係に注目しながら、人間の未来を予測してみましょう。

西洋人は文芸復興（ルネッサンス）により、科学という武器によって人間を宗教の束縛から解放し、自由を手に入れました。日本も明治期以降、その西洋で発達した科学の恩恵を被り、現代まで自我（エゴ）を肥大化させてきました。この方向性が未来に向かっても伸びていくとすれば、人間はますます自我を肥大化させていくでしょう。

このように、科学や技術の進歩により我々の生活は便利で快適になりましたが、その「便利／快適」の背後にあるのは、煩悩に基づく人間のエゴです。「もっと楽をしたい／もっと楽しみたい／もっと刺激がほしい」というエゴが科学技術を進歩させます。それによって我々の生活は便利になりますが、慣れてしまえば、さらなる刺激（便利／快適）を求めて科学技術がさらに進歩します。

つまり、未来に向かって人間のエゴは肥大化する方向に進みますが、それは逆から見れば、「辛抱（我慢）できない人間」が増えるということでもあります。辛抱できない人間が増えれば、何が起こるかは容易に想像できるでしょう。

◉科学技術の進歩がもたらすもの
身体性の欠如・死の隠蔽・物語の知の否定

また、科学技術の進歩により「脳化」が進みます。解剖学者の養老孟司《ようろうたけし》は、社会が進むと脳化も進むという「唯脳論」を唱えました。脳は神経を体の隅々にはりめぐらし、体中の情報を収集して体に起こることを予測し、統御・管理する器官であるが、これを外在化したのがコンピュータです。

こうして社会が脳化することにより起こるのが、身体性の欠如です。ＩＴの進歩によるヴァーチャル・リアリティ（仮想現実）やメタバース（仮想空間）などをみれば明らかです。スポーツさえｅスポーツとなり、身体性は極限にまで無化されます。しかし、人間は体を有するため、脳化が極度に進むと、どこかで大きな歪み（反動）がでると予測されます。

脳化による身体性の欠如は「死の隠蔽（タブー視）」をも促進します。予測と統御を司る脳は予測と統御ができない死を忌避するからです。テレビなどで死体が映し出されることはないし、死を象徴する火葬場でさえ死は隠蔽されます。そこで遺体を焼却しているのに、火葬場の待合室はまるでホテルのように設えられているからです。また、エンバーミングという死体を生きているように処理する技術も発達しました。しかし、人間は必ず死にます。「生まれて生きて死ぬ」のが人生の真相ですが、最後の「死」だけを隠蔽しタブー視して、人生が充実するはずがありません。

科学技術の進歩がもたらす負の側面は「**神話の知**（以下、これを「物語の知」と言い換えます）」の否定です。現在、科学で証明できないものは否定される傾向にありますが、科学の知が物語の知を否定すれば、人間は精神的窒息状態に陥ると私は見ています。

これから先も、欲望を満足させたいというエゴに動機づけられ、科学

【神話の知】「科学の知」に対し、「知恵」を意味する言葉。これは「物語」という形式を通して、科学の知が扱わない形而上的な問題にある種の答えを提示し、人間の価値観や行動規範に影響を与える。

技術はますます進歩し、またその進歩した科学技術は我々のエゴを肥大化させます。この相乗効果が加速すれば、人間がどうなっていくかは容易に想像できるでしょう。

我々は科学・技術の進歩により〝便利で快適な生活〟を手に入れましたが、それと引き換えに、多くの〝大切なもの（身体性・死・物語の知）〟を失い、自らを〝神〟と錯覚し始めています。博覧強記の歴史学者ハラリは「自分が何を望んでいるかも分からない、不満で無責任な神々ほど危険なものがあるだろうか」と人間存在を皮肉っていますが、この過ちに早く気づかねばなりません。

第2話　現代社会にこそ必要な法然仏教

◉自我の相対化

　このような未来社会を予測するとき、それと逆照射するかのように、法然仏教の重要性が浮かび上がってきます。私が予想した未来社会の特徴は「身体性の欠如・死の隠蔽・物語の知の否定」でしたが、これらはすべて肥大化したエゴによるものですから、先ずはこれらを何とかしなければなりません。

　最終的に仏教はこのエゴの消滅を目指すのですが、それはエリートの出家者《しゅっけしゃ》のみがなしうる難事ですし、法然もそれを自力で達成することは求めていません。それを最後に目指すとしても、まず、そういう自分の愚かさに気づくこと、すなわち「愚者の自覚」が大事なのではないでしょうか。これがなければ、何も始まりません。

ブッダの仏教と法然の仏教を比較すれば、大きな違いがありますが、「自覚」という点では見事に重なります。最近の研究によれば、最初期の仏教において「念」という行為が極めて大事であったことが分かってきました。「念仏」の「念」です。それを紹介しましょう。

◉「念」の本来の意味

仏教研究者の並川孝儀《なみかわたかよし》は、最初期の仏教における出家者の姿勢を明らかにしました。「念」と漢訳されるインドの原語「スムリ」は「記憶する／心に留める／思い出す」を意味します。

従来の多くの研究者は当該の語を「気をつける／思念する」などと訳しましたが、これらの訳は「何に」気をつけるのか、「何を」思念するのかが不明瞭でした。しかし、並川はその意味内容を「自己がいま、どこで、どのように存在しているのかを正しく自覚するという、仏教修行者のもっとも基本的なあるべき姿を示している用語」であることをあきらかにしたのです。

「過去の自己がどうであったか、現在の自己はどうあるのか、そして未来の自己はどうあるべきか」について、たえずさとりを求めて内観するのが「念」の本来の意義ですから、並川は「念」の対象を「自己の存在」と確定したのです。

さらに並川は「念」に関し、重要な点を指摘しています。それは「念」が「たえず／常に」という副詞によって修飾されるという点です。これは自己の存在を自覚することが絶え間なく続けるべき行為であり、自己を徹底的に見つめ、克己し続ける極めて厳格な行為であることを示しており、それは同時に「念」が日々のあらゆる修行の基礎となる行為であることを示していると並川は言うのです。

仏とは「目覚めた人」を意味しますが、まさに仏教はその最初期から「自覚の宗教」だったのであり、厳しく自己と対峙するところから修行は始まります。ブッダの仏教とは対極にある法然仏教ですが、法然は自らを「三学非器《さんがくひき》」と評し、自らに対する厳しい目を持ち続けました。実践の仕方こそ異なりますが、「自覚の宗教」という特徴はブッダから法然にも継承されていると言えるでしょう。

法然の仏教は「本音の仏教」であり、「現実の人間を見すえた仏教」です。先ずは誰でも実践できることから始めます。最終的にはエゴの消滅を目指すとしても、いきなりその領域には達しえません。そこでまず実践すべきことが「愚者の自覚」なのです。

愚かな自分から目をそらさずにしっかりと向かい合い、自己の愚かさを自覚し、自らの行いを自省することが重要です。そうすれば、謙虚さも取り戻せるでしょう。法然仏教の意義はここに尽きるのではないでしょうか。**浄土宗二十一世紀劈頭宣言**《じょうどしゅうにじゅういっせいきへきとうせんげん》に「愚者の自覚」が最初に掲げられているのも、これが法然仏教の精髄だからです。

【浄土宗二一世紀劈頭宣言】浄土宗が二一世紀の教化の精神的支柱として、平成一三年（二〇〇一）に発表した宣言。「愚者の自覚を　家庭にみ仏の光を　社会に慈しみを　世界に共生を」。

◉身体性の欠如、死の隠蔽、物語の知の否定

これからの社会の方向性として、ほかに身体性の欠如、死の隠蔽、物語の知の否定という三つをあげましたが、法然仏教はこれらにも対応します。

仏教は三業《さんごう》を説きます。「業」とは「行為」の意味ですが、身体のどこで行うかによって、身業《しんごう》（身体的行為）・口業《くごう》（言語表現）・意業《いごう》（思惟）の三つに分かれます。法然の称名念仏は口業が中心になりますが、手に数珠《じゅず》を持って合掌し、心で「助けたまえ阿弥陀仏」と心に念じるので、三業すべてを駆使した行為なのです。称名念仏によって身体性の欠如に歯止めをかけたいものです。

死の隠蔽については多言を要しないでしょう。法然仏教において「死（往生《おうじょう》）」は必須ですし、また死を無視して生が充実しないことは、本書で確認したとおりです。法然仏教は死と正対した仏教なのです。死を避

けてはなりません。

◉物語の知の重要性

最後に神話（物語）の知ですが、これも多言を要しないでしょう。浄土教は物語に溢れています。その重要性について、臨床心理学者の河合《かわい》隼雄《はやお》を参考に、簡単に触れておきましょう。河合は科学の知と物語の知を対比させて次のように言います。

たとえば途方もない事故が起こった。なぜこんな事故が起こったのか。そのときに自然科学的な説明は非常に簡単です。なぜ私の恋人が死んだのかというときに、自然科学は完全に説明ができます。「あれは頭蓋骨の損傷ですね」とかなんとかいって、それで終わりになる。しかしその人はそんなことではなくて、私の恋人がなぜ私の目の前で死んだのか、それを聞きたいのです。それに対しては物語をつくるよ

り仕方がない。つまり腹におさまるようにどう物語るか。

このように、自然科学の知（＝科学の知）は死の原因を説明するだけで、残された者の苦を癒すことはありません。一方、物語の知は苦を腹に納める力、生きる希望を与える力を持っています。

科学の知が我々の生活を豊かにし、人間にとって有意義であることは確かですが、人間に認識できるものしか認めず、物語の知を否定する〝科学の知万能主義〟は明らかに行き過ぎです。科学の知が物語の知を排除すれば、人間は「精神的窒息状態」に陥ります。浄土教が長い年月をかけて育んできた物語には、科学にない力を持っていることを再認識しましょう。

おわりに

本書は、『浄土宗新聞』（令和五年五月〜令和六年四月）で連載された「浄土宗開宗八五〇年記念連載・法然上人の生き方に学ぶ」に大幅な加筆と修正を加えたものです。いや、大幅どころか、新聞で連載された分量は本書の八分の一程度ですから、ほぼ最初から書き起こしたと言っても過言ではありません。

最初にこの企画を頂戴したとき、「待ってました！」という気持ちでした。正直なところ、どこかで待ち望んでいたのかもしれません。浄土宗教師として、二〇二四年が浄土宗開宗八五〇年の記念の年であり、さまざまな企画が計画されていることは知っていました。しかし、それとは別に、私も法然上人から生きる喜びをもらった一人として、何かご恩返しがしたいと考えていたので、今回の連載の依頼があったとき、千載一遇のチャンスをもらったように感じたのです。

コロナ禍もあり、最初は非対面（リモート）で企画の説明を兼ねた打合の会を持ちました。まずは新聞の企画の説明を受け、さまざまな質疑応答により企画の趣旨を確認しました。その後、私は待ちきれずに「これを書籍化することはできませんか」とダメモトで聞いたところ、「実はその企画もあるのです」と言われ、コケそうになるとともに、「よしっ!」と嬉しくも感じました。

新聞の連載が半分ほど終了した一一月、時間的に余裕ができたので、一二月にかけて一気に本書の原稿を書き上げました。こうしてまとめたのが本書です。最初の新聞の企画で確認した「現代の問題と関連させて」は、本書でも各話の導入となっています。「八五〇年前の話」で終わらせるのではなく、「それが現代の問題にも十分に通じる」ことを皆さんに伝えたかったからです。

本書が昏迷の時代を生きる皆さん(そして私自身)の羅針盤となれば、これに過ぎたる喜びはありません。脱稿し終えた今は、本書が法然の御心に背いていないことを祈るばかりです。

なお、今回は浄土宗社会部の佐藤慈明氏に編集の労をお取りいただきました。浄土宗からの出版ではありますが、広く宗外の人にも読んでほしいという願いから、文章表現はもちろん、見出しや注記など、「分かりやすさ」を追求して編集してくださいました。お陰で、ずいぶん読みやすい内容になったと私自身が驚いています。ここにあらためて、佐藤氏に御礼を申し上げます。佐藤さん、ありがとうございました。

二〇二四年一月二五日（法然上人の御命日に）

主要参考文献

阿満　利麿　1989.『法然の衝撃：日本仏教のラディカル』人文書院

石上　善應　2017.『一百四十五箇条問答：法然が教えるはじめての仏教』筑摩書房

伊藤　唯真　2007.『仏教における女性観（浄土宗人権教育シリーズ３）』浄土宗出版

河合　隼雄　1992.『河合隼雄　その多様な世界：講演とシンポジウム』岩波書店．

佐藤　弘夫　2006.『起請文の精神史：中世世界の神と仏』講談社

浄土宗総合研究所（編）2013.『【現代語訳】法然上人行状絵図』浄土宗出版

浄土宗大辞典編纂委員会（編）2019.『新纂浄土宗大辞典』浄土宗出版

平　雅行　2001.『親鸞とその時代』法藏館．

並川　孝儀　2021.「最古層経典における sata、sati の用法」『仏教学部論集』105, 1–18.

2021.「最古層経典における sata、sati の意義とその展開：仏教最古の根本的立場」『佛教大学仏教学会紀要』26, 1–24.

ハラリ、Y. N. 2016.『サピエンス全史（全２巻）』河出書房新社

平岡　聡　2016.『ブッダの処世術：心がすぅーっと軽くなる』ワニブックス
2016.『ブッダと法然』新潮社
2018.『浄土思想入門：古代インドから現代日本まで』KADOKAWA
2019.『南無阿弥陀仏と南無妙法蓮華経』新潮社
2019.『法然と大乗仏教』法蔵館
2021.『鎌倉仏教』KADOKAWA
2024.『日本仏教に未来はあるか』春秋社
山本　博子　2005.『法然（図解雑学）』ナツメ社

平岡 聡（ひらおか さとし）

昭和35年京都市生まれ。京都文教学園学園長（令和6年11月現在）。京都文教大学教授。博士（文学）。専門は仏教学。著書に『鎌倉仏教』（角川選書）、『禅と念仏』（角川新書）、『ブッダと法然』『南無阿弥陀仏と南無妙法蓮華経』（新潮新書）、『大乗経典の誕生』（筑摩選書）ほか多数。兵庫県朝来市・法樹寺出身。

法然と共に生きる
―生きづらさを解消する31のヒント―

令和6年11月1日　初版第1刷発行

著者	平岡 聡
装丁	萩原 睦（志岐デザイン事務所）
発行人	川中光教
発行	浄土宗 浄土宗宗務庁 〒605-0062　京都市東山区林下町400-8 TEL（075）525-2200（代表） 〒105-0011　東京都港区芝公園4-7-4 TEL（03）3436-3351（代表）
編集	浄土宗出版 〒105-0011　東京都港区芝公園4-7-4 TEL(03)3436-3700　FAX(03)3436-3356 E-mail:syuppan@jodo.or.jp https://press.jodo.or.jp/
印刷・製本	倉敷印刷株式会社

Printed in Japan
ISBN 978-4-88363-162-9 C0215